MARCO
DI GREGORIO

EARTH SONG: L'INNO PLANETARIO DEL RE DEL POP

Genesi e analisi del sommo capolavoro firmato Michael Jackson

EARTH SONG: L'INNO PLANETARIO DEL RE DEL POP

Genesi e analisi del sommo capolavoro firmato Michael Jackson

PREFAZIONE

È difficile, se non impossibile, pronunciare il nome
Michael Jackson e pretendere di parlare solo del suo lato
artistico.
Tante, troppe cose sono state dette e scritte sul suo conto:
dal colore della pelle progressivamente più chiaro alle
operazioni di chirurgia estetica, dal rapporto con le donne
alle diffamanti accuse di molestie su minori, passando
per una miriade di pettegolezzi che lo hanno
letteralmente disumanizzato, agli occhi del pubblico.

Per molti, de facto, Jackson era un essere spregevole,
strambo, psicotico e mille altre cose, una peggiore
dell'altra.
A nulla è sevito il referto autoptico che dimostra la reale
condizione della sua pelle, chiamata vitiligine.
A nulla è servito il verdetto del denominato processo del
secolo, nel quale egli veniva totalmente assolto da tutti e
14 i capi di imputazione.
A nulla sono servite le tante prove tangibili che
dimostrano quanto *Leaving Neverland* fosse tutto ciò che
un documentario non dovrebbe mai essere.
E a nulla sono servite le tante splendide canzoni che ci ha
lasciato e che hanno provato a sensibilizzarci sui tanti
problemi del mondo.

Perciò, da fan irriducibile dal lontano 1987, ho deciso di
rendere giustizia al mio idolo parlando della sua musica,
in particolare della canzone più significativa e potente
che lui abbia mai composto e cantato.

Sono convinto che al fine di conoscere meglio l'uomo, sia necessario raccontare la sua arte, perché attraverso essa, lui poteva esprimere realmente il suo vero Io.
Lusso che non gli era concesso da un mondo sempre pronto a giudicarlo e massacrarlo impunemente.

E qual è l'opera più significativa e potente che il Re del Pop abbia mai composto?
Billie Jean, Thriller, Smooth Criminal, Black or White e tante altre sono sicuramente più conosciute e iconiche, ma a livello di gestazione, produzione, musicalità e messaggio letterario intrinseco, *Earth Song* è, a conti fatti, l'opera non plus ultra del suo immenso repertorio. Un monito importantissimo per tutto il genere umano, che dovrebbe essere materia di studio per le nuove generazioni, il cui messaggio, purtroppo, è più attuale che mai.

La musica, dicevamo, passa spesso in secondo piano, sottovalutando gravemente quanto meravigliose ed elaborate fossero le canzoni di Michael Jackson.

Il mio umile compito, quindi, è di far capire quanto grande fosse musicalmente l'artista, e quanto empatico e buono fosse l'uomo soprannominato The King of Pop.

Le prefazioni sono importanti, in un libro, ma sono dell'opinione che spesso siano come le fastidiose pubblicità su YouTube, i tanti trailer che precedono la visione di un film in Blu-ray, o le lunghe installazioni di patch e aggiornamenti prima di poter giocare a un videogioco.

Insomma, preferisco arrivare al dunque.

La mia raccomandazione, una volta giunti all'analisi sensoriale di musica e testo del brano, è di munirsi di cuffie e ascoltare *Earth Song* in concomitanza delle parole che leggerete.
La canzone della Terra, in fondo, non ci chiede molto, se non essere ascoltata e, soprattutto, capita.

Buona Lettura.

MICHAEL JACKSON - *EARTH SONG*

Scritta e composta da Michael Jackson

Durata 6'46

Musicisti:

Michael Jackson: Voce, cori, tastiere e sintetizzatori.
Andraé Crouch, Sandra Crouch e Orchestra Corale
Andraé Crouch Choir: Cori.
Steve Ferrone: Batteria.
Michael Thompson e Bill Bottrell: Chitarre.
Guy Pratt: Basso.
David Foster: Tastiere e sintetizzatori.
David Paich: Pianoforte, tastiere e sintetizzatori.

Registrazioni (1988, 1990, 1991, 1994, 1995):

Ocean Way Recording Studios, Record One Studio e
Larrabee North Studios, Los Angeles.
Orchestra registrata ai The Hit Factory Studios, New
York.

Team tecnico:

Produttori: Michael Jackson e David Foster.
Co-produttore: Bill Bottrell.
Ingegnere del suono: Bruce Swedien.
Orchestrazione: Bill Ross.
Programmazione sintetizzatori: Steve Porcaro.
Arrangiamenti orchestrali: David Foster.

Arrangiamenti vocali e ritmici: Michael Jackson e David
Foster.
Mixaggio: Bruce Swedien.

Registrata, mixata e masterizzata con l'esclusivo metodo
Quantum Range Recording Process ©.
Registrata, mixata e masterizzata con l'utilizzo dello
Spatializer 3D Stereo e apparecchiature Monster Cable.

SCENARIO MONDIALE

In un mondo in cui decine di migliaia di bambini muoiono ogni giorno per fame, povertà, guerre e malattie prevenibili; dove 2 miliardi di persone vivono con meno di 2 dollari al giorno; dove decine di specie animali scompaiono quotidianamente a causa della distruzione dei loro habitat naturali; dove circa 70.000 alberi vengono abbattuti giornalmente; dove 38 miliardi di tonnellate di emissioni di CO_2 finiscono nell'atmosfera annualmente, inquinando pesantemente l'ambiente e favorendo drastici cambiamenti climatici; dove le acque e le falde acquifere sono sempre più tossiche; dove i giochi di potere in nome di un capitalismo scellerato fanno sì che le guerre non finiscano mai, una cosa è certa: c'è qualcosa di profondamente sbagliato!

Il controverso rapporto tra esseri umani e natura si può racchiudere in questa citazione: "Pensate se gli alberi ci dessero il Wi-Fi; a quest'ora ne staremmo piantando così tanti da salvare le foreste... Peccato ci diano solo l'ossigeno che respiriamo".

Nel famoso film *Matrix*, l'agente Smith espone a Morpheus un'interessante riflessione: «Desidero condividere con te una geniale intuizione che ho avuto, durante la mia missione qui. Mi è capitato mentre cercavo di classificare la vostra specie. Improvvisamente ho capito che voi non siete dei veri mammiferi: tutti i mammiferi di questo pianeta d'istinto sviluppano un naturale equilibrio con l'ambiente circostante, cosa che voi umani non fate. Vi insediate in una zona e vi moltiplicate, vi moltiplicate finché ogni risorsa naturale non si esaurisce. E l'unico modo in cui sapete sopravvivere è quello di spostarvi in un'altra zona ricca. C'è un altro organismo su questo pianeta che adotta lo stesso comportamento, e sai qual è? Il virus. Gli esseri umani sono un'infezione estesa, un cancro per questo pianeta: siete una piaga».

Le parole dell'agente Smith sono senza dubbio dure, ma non poi così distanti dalla verità. La storia è intrisa di sangue e devastazione, e avrebbe dovuto insegnarci a fare ammenda dei nostri peccati, a non ripetere più determinati errori. Ciononostante, continuiamo ostinatamente a seguire la stessa impervia strada che ci condurrà all'inesorabile autodistruzione, fregandocene di chi uccide chi, chi distrugge cosa, e per quale motivo. Il capitalismo ci fa inseguire un sogno deleterio e insalubre: possedere quante più cose la pubblicità ci suggerisce, spesso subdolamente, di comprare. Uno studio rivela che le persone, nei paesi economicamente più benestanti, acquistano circa 27 volte più oggetti rispetto agli anni '60... Eppure, non siamo affatto 27 volte più felici di allora. Abbiamo lasciato che grandi finanzieri e politici trasformassero Cina, India e altri paesi poveri, nelle industrie del mondo cosiddetto civilizzato. Nel mentre, necessitiamo di benzina per le nostre auto per andare a comprare questi oggetti. Benzina che, di fatto, deprediamo a suon di bombe ai paesi aventi giacimenti di petrolio, incuranti dei milioni di morti che i nostri governi propagandano con frasi ad effetto soporifero come *Missioni di pace* e *Guerre preventive*. Evidentemente, chiamarli *Massacri per depredare i paesi del terzo mondo* suonerebbe troppo onesto. Il fatto più inquietante è che le nostre menti sono così ovattate dal consumismo, che la maggioranza degli esseri umani vive le proprie vite inconsapevoli di tutto ciò, senza nemmeno porsi le adeguate domande. E i pochi che lo fanno vengono spesso derisi ed etichettati come complottisti paraonoici. D'altronde, il capitalismo gode dell'egemonia fornitagli da due aspetti fondamentali garantenti la sua prosperità: l'assoluta accondiscendenza di schiavi felici di vivere in una prigione confortevole, e un sistema mediatico che lo glorifichi.

Ogni anno, per seguire stupide mode e impressionare amici e non, compriamo il nuovo modello di Smartphone, quando quello già in possesso funziona ancora alla perfezione. Forse, se sapessimo che grandi multinazionali negoziano illegalmente con il Governo del Congo affinché il dittatore di turno ordini ai propri militari di costringere poveri braccianti disagiati a scavare un minerale alquanto prezioso chiamato Columbite-tantalite - o Tantalio - utilizzato nell'elettronica, ci terremmo stretti il nostro *vecchio* telefono. Esempi di questo tipo se ne potrebbero fare - letteralmente - migliaia.

In pieno stile del testo di *Earth Song*, farò un breve elenco: "Che ne è stato dei ghiacciai? Che ne è stato delle barriere coralline? Che ne è stato di tutte quelle promesse di pace fatte dopo le grandi guerre? Che ne è stato della compassione? C'è un tempo? Che dire degli allevamenti intensivi? Ti sei mai soffermato a pensare ai bambini che muoiono di fame? Ti sei mai soffermato a pensare che questa Terra è la nostra casa?"

Viviamo in uno status contraddittorio di dimensioni colossali, perché tutta questa dissennatezza, questo schizofrenico consumismo, che ormai accettiamo di buon grado come normalità, ha un prezzo enorme: **noi** siamo sempre più infelici, stressati, spesso malati psichicamente e fisicamente a causa di questo folle processo inseguitore di una felicità illusoria. Ed in più alienati, progressivamente più distanti empaticamente l'uno dall'altro, intrappolati in lavori che odiamo per comprare cose che tappino il nostro vuoto esistenziale; **loro** lavorano in condizioni di miseria, disumane, in fabbriche che utilizzano ancora combustibili fossili vietati nei nostri paesi perché troppo inquinanti, affinché soddisfino i nostri comodi. Oltre alla lapalissiana contraddizione, vi è una madornale ipocrisia di base: a **noi** viene detto che inquinare è sbagliato, mentre a **loro** è imposto - dalle medesime persone che ci fanno la morale - un lavoro schiavizzante e oltremodo disastroso per essi e l'intero ecosistema.

Noi e loro... È proprio questo uno dei problemi massimi che affligge il nostro mondo. Se continueremo a pensare in *Noi e Loro*, questo aberrante status quo perdurerà fino all'autoannientamento del genere umano: è una certezza matematica.

Ma su questo insano mondo ha camminato - a passo di Moonwalk - una persona, al secolo Michael Jackson, che, forse ingenuamente o forse perché mentalmente illuminato, credeva nella bontà dell'uomo. Egli aveva questo pazzo sogno di guarire il mondo, pensando che il genere umano non fosse irrecuperabile e che mediante opere di beneficenza, moniti sociopolitici e messaggi inneggianti amore, uguaglianza, speranza e pace, le cose sarebbero potute migliorare e l'uomo si sarebbe redento col passare del tempo. Il Re del Pop scivolava all'indietro con grazia, allo stesso modo in cui pensava agli antipodi della maggior parte di noi. Non c'è da meravigliarsi, ergo, se i media hanno tentato di tutto per distruggere la sua reputazione e credibilità, attraverso un processo mirato e subdolo di disumanizzazione dell'individuo. Altro non è che la storia che si ripete ogni qualvolta un uomo influente ci indica la via giusta da percorrere, come Gesù prima di lui - evitando i paragoni - passando per Martin Luther King, Gandhi, Malcolm X, per arrivare a Michael Jackson, plausibilmente l'ultimo, vero baluardo di mente illuminata.

Avendo girato il globo sin da bambino, oltre all'ampliamento del bagaglio culturale, ne beneficiò la sua visione critica nei confronti di un mondo progressivamente sempre più industrializzato, inquinato, in cui guerre, fame e povertà non sono problemi risolvibili, bensì un ordine sociale da mantenere a tutti i costi poiché basilare e utile a scopi economici e politici. La consapevolezza di ciò portò Michael a scrivere una trilogia di poesie dedicate al nostro pianeta: *Planet Earth* (il cui scritto si trova nel booklet di *Dangerous* e la narrazione vocale in *This Is It*), *Earth Song* e una terza opera sotto forma di sinfonia tuttora mai pubblicata.

Ma procediamo per gradi.

Empatico come pochi, già all'età di 14 anni, nel suo secondo album da solista, *Ben*, pubblicato nel 1972, Michael canta la sua prima canzone - scritta e composta da Thom Bell e Linda Creed - che affronta tematiche sociali importanti quali povertà, istruzione, pregiudizio e inquinamento, molto prima che queste argomentazioni diventassero mainstream: *People Make the World Go 'Round*.

"Tutti parlano dell'ecologia / L'aria è così inquinata che è difficile respirare [...] Giovani politici combattono la povertà, mentre la gente piange comunque per l'uguaglianza / Ma questo è ciò che fa girare il mondo".

Nell'anno 1977 è il turno di una canzone anti-guerra scritta da Kenneth Gamble e Leon Huff, *Man of War*, contenuta nell'album *Goin' Places*: "Uomo di guerra / Non partire più per la guerra / Studia la pace, perché la pace è ciò di cui abbiamo bisogno".

Nel 1980, Michael co-scrive - assieme al fratello Jackie - *Can You Feel It*, il cui messaggio getta le basi per le canzoni umanitarie future del King of Pop: "Perché siamo tutti uguali, sì, il sangue che scorre dentro di me è dentro di te / Ora dimmi, puoi sentirlo?"

Cinque anni più tardi, Michael Jackson e Lionel Richie scrissero la leggendaria *We Are the World*, per il progetto umanitario USA For Africa. Il successo del 45 giri fu esorbitante: oltre 20 milioni di copie vendute in tutto il mondo. I proventi delle vendite di singolo e album ammontavano a oltre 63 milioni di dollari! Questo denaro fu interamente devoluto alla poverissima popolazione dell'Etiopia, attraverso l'acquisto e la recapitazione in sito di tonnellate di cibo, viveri e medicinali. E lo straordinario risultato, innegabilmente, lo si deve, in particolar modo, all'influenza di Michael Jackson in qualità di compositore del brano, al suo immenso status di superstar - a quel tempo all'apice del successo -, e alla sua smisurata empatia. Egli ci indicò la via: non esiste il concetto *Noi e Loro*, è solo un'ipocrita astrazione mentale, perché noi siamo un tutt'uno e uniti potremmo fare la differenza, se solo lo volessimo.

Nel 1987 fu il turno di *Man in the Mirror* in cui Michael ci sprona ad attuare un radicale cambiamento interiore, a prendere piena coscienza del nostro vero Io, e solo conseguentemente prodigarsi per il bene comune. Ma nemmeno il nobile e profondo messaggio della hit umanitaria di *Bad* è bastato, poiché i danni che stiamo arrecando al nostro prossimo, agli animali e al pianeta sono di una gravità incalcolabile, nonché in piena escalation. Correre ai ripari è di priorità assoluta e questa priorità non può attendere il tempo di una nostra introspezione psicologica e/o spirituale.

Il manifesto di *We Are the World* venne fortificato sei anni dopo con *Heal the World* e la relativa associazione benefica fondata dalla Popstar in persona, *Heal the World Foundation*. Ma nemmeno tre singoli di enorme successo commerciale e più di cento milioni di dollari devoluti in beneficenza bastarono a ribaltare le sorti del nostro mondo.

Una volta capito che tutti questi messaggi non erano stati recepiti come sperato, la volontà da parte del Re del Pop di scrivere qualcosa di più effettivo e in un certo senso scioccante prese piede. *Earth Song* ci rammenta disperatamente che se non agiamo nell'immediato, sarà troppo tardi per la specie umana. Per molti questo è un concetto banale e catastrofista. Per molti altri addirittura uno slogan fasullo e ipocrita. Ma la verità comprovata da migliaia di scienziati in tutto il mondo è che il punto di non ritorno non è poi così lontano...

GENESI DEL SOMMO CAPOLAVORO

"Il dono della musica è stata una benedizione di Dio fin da quando ero bambino" – Michael Jackson

Prima di addentrarci nella genesi di quella che considero l'opera più mastodontica del King of Pop, è inderogabile menzionare un passo - descritto dal cantante - nel libro *Dancing the Dream*, che verta a rimembrare quanto Michael Jackson fosse profondamente altruista ed oltremodo empatico: "La persona comune vede i problemi 'là fuori', come se qualcun altro dovesse risolverli. Forse lo saranno, forse no... Ma io non la vedo così; quei problemi non sono davvero 'là fuori'. Io li sento dentro di me. Un bambino che piange in Etiopia, un gabbiano che cerca disperatamente di liberarsi da una pozza di petrolio... Un ragazzino soldato che trema di paura quando sente un aereo volare sopra di lui: stanno succedendo dentro di me queste cose quando le vedo e le sento?"

Se le parole scritte in un libro potrebbero risultare esagerate, l'episodio descritto di seguito è la prova che la sofferenza che Michael avvertiva psicofisicamente era reale. Un giorno, durante le prove di una coreografia, MJ dovette fermarsi perché emozionalmente provato, in lacrime. Quando i suoi collaboratori chiesero lui cosa gli stesse succedendo, egli rispose: «Ho visto in TV un reportage in cui un delfino era intrappolato in una rete da pesca e tentava con tutte le sue forze di districarsi. Dal modo in cui il suo corpo era aggrovigliato nella rete, potevo sentire dentro di me il suo dolore».

- "Se senti dolore, sei vivo. Se senti il dolore altrui, sei un essere umano" – Lev Tolstoj

Era il 2 giugno del 1988 quando il Re del Pop si esibì nel Praterstadion di Vienna per una tappa del suo glorioso *Bad World Tour*. La notte seguente pernottava ancora al Vienna Mariott Hotel, e lì successe qualcosa di straordinario. Fu proprio nella capitale austriaca dove Mozart compose la mirifica *Sinfonia n. 25* e la celestiale *Messa di Requiem*, che l'ispirazione per *Earth Song*, la Sinfonia Umanitaria / Planetaria / Ambientalista di Michael Jackson arrivò, come caduta dal cielo: «È semplicemente cascata nel mio grembo», ricordò Michael.

Una sorta di pianto melodico privo di parole fu la prima cosa che gli balzò alla mente, come un fulmine a ciel sereno. Di getto, prese il registratore vocale ove vi cantò: "Aaaaaaaaah, Oooooooooh". Gli accordi sono semplici eppur effettivi: da LA Bemolle Minore, a tre note in RE Bemolle; da LA Bemolle Minore in Settima, a RE Bemolle; poi modulato da un SI Bemolle Minore in Settima, a tre note in MI Bemolle.

"Ci siamo!" Pensò.

Successivamente compose l'introduzione e alcuni versi immaginando visivamente la canzone nella sua testa a guisa di video musicale. Nessuno poteva vedere cosa fluttuasse nelle sinapsi del cantante, ma tutti i suoi collaboratori percepirono qualcosa di grandioso nell'aria.

Egli scriveva *Earth Song* con il preciso e intrepido intento di produrre la sua più importante e colossale opera.

Per prepararsi psicologicamente alla stesura di questo ambizioso progetto, Michael, assieme al fidato produttore Bill Bottrell, guardò numerosi documentari sulla deforestazione, l'inquinamento, i diritti degli animali e lo strapotere delle multinazionali, causa primaria di suddetti crimini ambientali. Un giorno, Jackson portò una videocassetta in formato VHS del film - datato 1985 - *La foresta di smeraldo* (*The Emerald Forest*). La pellicola narra la storia di una tribù brasiliana denominata *Il popolo invisibile*, vittima della colonizzazione da parte di una multinazionale, che con la forza costruisce una grande diga disboscando una vasta area di vegetazione. A quel tempo, *La foresta di smeraldo* fu uno dei primi lungometraggi a trattare il tema della deforestazione in Amazzonia, ampliando così l'attenzione del grande pubblico verso questa problematica allora spesso taciuta, ma che di lì a poco divenne una realtà tristemente tangibile. Michael amava molto questo film e impose a Bill di vederlo più volte per prendere ispirazione ed entrare nel mood adatto per comporre al meglio *Earth Song*.

Il 20 settembre 1988, Jackson, accompagnato da Bottrell al pianoforte, registrò ai Westlake Studios di Los Angeles la prima demo di *Earth Song*. Le strofe "What about sunrise / What about rain / What about all the things" sono identiche a quelle che finiranno in *HIStory* sette anni più tardi. Idem per "Did you ever stop to notice" nel bridge. Le altre differiscono, mentre alcune sono improvvisate.

Quando i due ascoltarono la demo, l'ingegnere del suono venne catturato dalla magia della melodia. Entrambi capirono da subito di trovarsi di fronte a qualcosa dal potenziale enorme. Ma alcuni giorni più tardi, il Re del Pop si recò a Pittsburgh per concludere l'ultima fase del *Bad Tour*. Perciò, *Earth Song* rimase in stasi.

Il *Bad World Tour* portò Michael Jackson in giro per il mondo come mai prima di allora. Ogni continente, nazione, città, usanze e costumi associati rappresentavano nuove esperienze culturali e spirituali, che di conseguenza ampliarono il bagaglio culturale e spirituale non solo dell'artista, ma altresì dell'uomo. Coincidentalmente, un anno prima, i testimoni di Geova espulsero pubblicamente Jackson dalla loro setta, per via dei diversi diverbi tra le due parti. Secondo i religiosi, infatti, l'interprete di *Thriller* - canzone non citata casualmente - era un esempio negativo, una persona dal "Comportamento corruttivo".

Nonostante la grande delusione, la sua Fede in Dio era ancora intatta, ma sbrigliata quel tanto che bastava dal non riporre completa dipendenza ad un Essere Superiore. Michael impose a sé stesso che Dio ci ha messi su questo mondo per evitare l'Apocalisse, non per assistervi passivamente, come gli fu inculcato dai testimoni di Geova per tutta la sua vita, fino al 1987. L'Apocalisse, la distruzione della natura e degli esseri viventi ospiti di questo grande sistema vitale chiamato Terra debbono essere protetti, preservati, ed è l'uomo stesso il fautore del proprio destino e di quello del pianeta. Ed è su ciò che *Earth Song* affonda le sue radici.

Nel giugno del 1989, Jackson tornò ai Westlake Studios carico di nuove idee, fortemente incline a dar finalmente vita a *Earth Song*, allora denominata - provvisoriamente - *Earth* e *Planet Earth*. Egli non solo aveva tante idee, ma dava per prioritaria la stesura e il completamento della canzone. Tuttavia, sapeva che questa ambiziosa opera avrebbe preso molto tempo e sforzi per essere portata a compimento così come l'aveva memorizzata nel suo archivio cerebrale. Il Re del Pop paragonava il processo creativo di una canzone ad una scultura: «Tu la stai solo liberando. È già dentro di te. È già lì».

Il piedistallo della scultura era già lì, posizionato e pronto ad accogliere su di esso il grande pezzo di marmo da modellare. Le radici della canzone della Terra erano già lì; il cantante necessitava del team giusto che lo aiutasse a realizzare musicalmente la sua visione, ad annaffiare la pianta per farla crescere rigogliosa e diventare una sequoia sonica. Con il passare del tempo, varie parti del brano cominciavano a prendere forma, proprio come una scultura o un albero.

Quando la composizione del brano entrò in una fase elaborativa più impegnata, Bottrell ricordò con queste parole quei momenti: «Divenne una vera e propria ossessione per entrambi».

Sulla plancia della console di mixaggio Michael appoggiò un foglio con una citazione di John Lennon, che recitava: "Quando la vera musica viene a me, la musica delle sfere, la musica che sorpassa la comprensione, tutto ciò non ha a che fare con me, perché io sono solo un canale. L'unica gioia per me è quella di riceverla in dono e di trascriverla come se io fossi un medium... Quei momenti sono ciò per cui vivo".

Suddette parole ebbero un forte impatto su Jackson, le percepiva proprie, perché come Lennon si sentiva un medium attraverso il quale le sue creazioni prendevano vita: "Lascia che la musica si crei da sola", ricordava sovente a sé stesso.

Il Re del Pop voleva inglobare in *Earth Song* diversi ecosistemi musicali: la passione e l'anima del Gospel, l'impeto del Rock, l'armonia dell'Opera e la sofferenza del Blues. Voleva che spaziasse dalla musica Ambient alla World Music (Musica del Mondo), che fosse antemica e soprattutto di facile comprensione. Il messaggio doveva arrivare a tutti forte e chiaro. La chiave, secondo lui, era di far sì che le persone ascoltassero un testo universale accompagnato da una musica imponente edificata con molti strati sonori, ricchi di tessiture e sfumature melodiche in grado di colpire l'attenzione di qualsiasi ascoltatore. Originariamente, il cantante di *Thriller* voleva stravolgere il classico pattern caratterizzante la Pop Music, concependo *Earth Song* come un'opera suddivisa in tre parti, sulla scia di *Will You Be There*: Intro di Musica Classica, canzone principale, e Outro parlato. Quest'ultimo fu realizzato come poesia a parte e inserita solo per iscritto nel booklet dell'album *Dangerous*, con il titolo *Planet Earth*. La sua versione, narrata dallo stesso MJ, fu in seguito pubblicata nella raccolta postuma *This Is It*. Il progetto *Earth Song* prevedeva una durata complessiva di ben 13 minuti!

Jackson lavorò all'Intro di archi con Jorge del Barrio il quale, in seguito, avrebbe co-arrangiato e diretto le orchestre - tra le altre - per *Who Is It* e *Morphine*. A differenza di *Will You Be There*, quindi, non avrebbe usufruito di un'Opera Classica già composta come la *Nona Sinfonia* di Beethoven, bensì di qualcosa creato ex novo. Il preludio a *Earth Song* era molto ambientale: conteneva diversi suoni della natura, percussioni tribali, sonorità Synth profonde, minacciose, e raffinati archi.

Del Barrio, in merito alla collaborazione con la Popstar, affermò: «Ho lavorato con Michael creando un suono minaccioso che rappresentasse sonicamente l'alba della Terra quando venne creata; progressivamente la vita cominciò a sbocciare su Madre Terra per arrivare a *Earth Song*, che racconta il degrado del pianeta per mano dell'uomo. Michael sentiva che questa canzone sarebbe diventata quella che avrebbe, in ultimo, aiutato a salvare il mondo».

L'ingegnere del suono Matt Forger, a proposito di questo concept di 13 minuti, disse: «Era molto moderno, davvero all'avaguardia. Michael voleva cambiare le regole della canzone Pop riallineandola sotto un nuovo paradigma sperimentale. Era un sound completamente differente per MJ. L'intero concept era parecchio ambizioso».

Ma in ultimo, secondo Jackson, questo esperimento non funzionava come sperato: era troppo lungo, dispersivo e poco si prestava allo scopo di raggiungere quante più orecchie possibili.
L'impatto doveva essere sì massivo e la canzone sperimentale, ma in modo più diretto e meno invasivo. Così, decise di mantenere la parte principale della canzone. Con essa, altresì diverse sonorità e idee antecedenti rimasero comunque in *Earth Song*, come il minaccioso suono introduttivo e i suoni ambientali; il tutto, poi, inglobato alla drammatica e sfarzosa composizione orchestrale di del Barrio.

Alla megaproduzione non potevano mancare i sintetizzatori. Per Michael non vi erano dubbi su chi affidare la loro programmazione: i devoti collaboratori di sempre, Steve Porcaro e David Paich dei Toto rappresentavano non una scelta, ma La Scelta.

Il basso, in una canzone, ha la stessa importanza della colonna vertebrale per un corpo umano, in quanto ha la funzione di sorreggere la struttura di cui fa parte. Nell'estrosa immaginazione del genio di Gary, il basso elettrico - oltre ad una melodia d'effetto - risuonava in modo distinto e vigoroso al pari della canzone stessa. Il rinomato bassista Guy Pratt, in quel periodo, stava suonando in giro per il mondo nel trionfale Tour *Delicate Sound of Thunder* dei - nientemeno - Pink Floyd. A Jackson piaceva il sound che il musicista riusciva a imprimere allo strumento e il desiderio di averlo a bordo del progetto era fremente. Fu proprio grazie a Bottrell che il musicista entrò, con grande entusiasmo, a far parte del team. Egli, infatti, suonò il basso nella hit di Madonna *Like a Prayer*, che Bottrell ingegnerizzò.

Un fonico istruì il bassista circa le precise volontà della Popstar riguardo alla sua opera... Piccola parentesi in merito: il motivo per cui non fu MJ a dargli indicazioni lo spiegò Pratt in diverse interviste, nonché nel suo libro *My Bass and Other Animals*: «Ero in Studio e Michael Jackson era lì, solo che si nascondeva sotto la console del mixer. E noi, come stronzi, dovevamo far finta che lui non fosse lì».

Comportamenti bizzarri a parte, dopo aver ascoltato una demo di *Earth Song*, Guy riprodusse una sperimentale linea di basso utilizzando lo speciale pedale Basso Octave, la cui peculiarità è quella di flettere il segnale di un'ottava producendo un suono con medi più potenti e una variante più corposa e rotonda. Con questo apparecchio, il basso venne suonato incorporando due ottave in una: «È questo che conferisce grandiosità alla linea di basso», spiegò Bottrell.

Michael era totalmente appagato. Il sound era così poderoso da impressionare persino grandi esperti del settore, tra cui il compositore e musicista Brad Buxer, che si espresse così in proposito: «*Earth Song* possiede il più profondo basso che abbia mai sentito in una canzone. È straordinario. Di solito puoi mixare una canzone su due tracce in un nastro analogico da 1 centimetro e mezzo e avere più impatto per il suono del basso, ma non puoi farlo quando mixi su un nastro digitale perché il suono diventa distorto. Quella traccia (analogica - N.d.r.) in qualche modo supporta meglio gli elementi del basso, è più satura, così dà l'illusione di maggior bassa gamma sonora di quanto un CD può realmente tenere. Billy Bottrell e Bruce Swedien erano maestri in questo. C'è una sorta di magia nel dare forma a quelle basse frequenze; eliminare certi elementi sonori per essere in grado di ottenerne degli altri. Psicologicamente rende il suono del basso il più possente e ricco possibile».

Quando l'eccellente sessione di Guy Pratt terminò, venne il turno della batteria. Fu ingaggiato - sempre da Bill e MJ - il leggendario batterista Steve Ferrone, conosciuto per le sue illustri collaborazioni con Tom Petty, Duran Duran, Bee Gees, George Harrison, Eric Clapton e Renato Zero (per citarne alcuni). Giunto in Studio, Jackson e Bottrell avevano le idee chiare e guidarono Ferrone passo passo.
Il suono della batteria doveva trasmettere potenza bruta, specialmente dopo la seconda strofa: «Deve suonare come un'epica e raggiante canzone Rock», gli disse Bottrell.
Mentre Michael continuava a ripetergli: «Rendila grandiosa! Rendila grandiosa!»

Inizialmente, il Re del Pop voleva il sound di una batteria elettronica, ma Ferrone non era di questo avviso: «Facciamo un accordo; io te la suono con la batteria elettronica se tu mi dai l'opportunità di suonartela anche con la batteria vera».

MJ accettò, così, Steve, a lavoro ultimato, gli fece sentire il risultato ottenuto con la batteria elettronica. Secondo Jackson - pienamente soddisfatto - non v'era necessità d'aggiungere altro: il beat era vigoroso e solido al punto giusto. Il batterista, però, gli rammentò l'accordo stretto poco prima. Michael sorrise e gli fece cenno di procedere; nel mentre si concesse una pausa. Trascorso il tempo necessario per completare la sessione percussiva, il cantante di *Billie Jean* tornò ai Westlake Studios dove Ferrone e Bottrell gli fecero ascoltare la versione eseguita con il vero strumento: la potenza che fuoriusciva dagli speaker faceva tremare il subwoofer a dovere e Michael, estasiato, dovette ricredersi. Anche Steve Ferrone svolse quindi un lavoro encomiabile, oltre le aspettative, riuscendo addirittura a far cambiare idea al perfezionista per definizione dello Show Business.

Un altro pilastro portante della complessa struttura musicale di *Earth Song* era stato edificato con perizia. A questo punto, mancavano dei cori altrettanto imponenti per il Gospel. Gli strepitosi risultati ottenuti dall'orchestra corale Andraé Crouch Choir in *Man in the Mirror*, *Will You Be There* e *Keep the Faith* non lasciavano spazio a dubbi: per il Re del Pop, suddetta orchestra effigiava la naturale opzione per i cori della Canzone della Terra. Mentre la Popstar e il fido produttore discutevano sull'arrangiamento corale, i membri dell'Andraé Crouch Choir si posizionarono in cerchio provando la parte. Diversi tecnici, facenti parte del team al lavoro sull'album *Dangerous*, intanto, preparavano tutta l'attrezzatura necessaria per registrare il coro.

Bill Bottrell, a tal proposito, snocciolò un interessante aneddoto: «Abbiamo dato loro un nastro contenente il cantato di MJ per esercitarsi. Trascorsi due giorni si presentarono in Studio con il più meraviglioso dei cori. La maestosa stereofonia fu registrata usando due microfoni Neumann M 49 e un riverberatore vintage EMT 250. Il risultato era un potente, drammatico apogeo intriso di naturale energia, frutto di uno strepitoso live».

Michael e Billy lavorarono a *Earth Song* per più di un anno, stratificandola con ulteriori ricami ai sintetizzatori, elevandone la complessità e il nitore sonico su livelli stratosferici. La produzione si era così protratta nel tempo che dovettero suddividere le registrazioni tra due studi: i Westlake Studios per i primi otto mesi, e i successivi cinque ai Record One Studios, nel distretto Sherman Oaks, in California.

Nell'autunno del 1991, l'album *Dangerous* era ormai in fase di completamento. Fatta eccezione per qualche sovraincisione vocale, Bottrell considerava ultimata quella canzone alla quale, con molta dedizione e sacrificio, aveva collaborato, tanto da lasciarsi andare a compiacimenti e pronostici del tipo: «Era la nostra priorità fin dall'inizio. Sono molto fiero di questo pezzo!», «Sarà la colonna portante di *Dangerous*!»

Ma il suo entusiasmo fu bruscamente smorzato quando il Re del Pop decise di non includere quell'elaborata e sospirata opera - che ora portava il titolo di *What About Us* - nella tracklist finale di *Dangerous*. Il disappunto di

Bottrell rifletteva quello di Jackson. Entrambi volevano ardentemente che *What About Us / Earth Song* avesse il suo posto d'onore nel nuovo album, ma secondo il cantante necessitava di ulteriori colpi di scalpello. La seconda parte della canzone, in particolare, non combaciava in toto con l'idea di possanza che Michael custodiva nella mente e che voleva diffondere al mondo. Nonostante la già stupefacente produzione, sentiva delle parti musicali mancanti. Inoltre, era convinto che la parte finale cantata in tonalità vocale di petto - erroneamente chiamata falsetto, nel caso di MJ - non rendeva giustizia ai solenni cori della Andraé Crouch Choir. L'urlo disperato di Madre Terra doveva echeggiare preponderante, solenne, e quella demo non aveva ancora i requisiti giusti a tale scopo.

Bill, superata la delusione iniziale, capì per esperienza che se per Michael una canzone non era pronta, lo asseriva con cognizione di causa. D'altro canto, durante la stesura del brano, il Re del Pop fu categorico riguardo alla sua vanagloriosa opera: «Deve essere perfetta quanto più umanamente possibile».

A proposito dei brani Jacksoniani dalla lunga gestazione, il produttore dichiarò: «Michael si sentiva sempre meglio quando lavorava ad un pezzo per un lungo periodo di tempo. Gli dava modo di scoprire quante più cose possibili a riguardo, così da arricchire la canzone come meritava. C'era un processo che ho imparato bene a cui ogni canzone non poteva sottrarsi. Un processo composto da stratificazioni sonore, riclaborazioni, sostituzioni di parti elettroniche in favore del live, eccetera. Era un lungo ed estenuante processo».

La meticolosità e il perfezionismo del cantante erano ben noti a tutti i suoi collaboratori, non restava che attendere fiduciosi che l'ispirazione arrivasse a lui. Quella stessa ispirazione che gli permise di scrivere, comporre, produrre e completare *Heal the World*, che subentrò al posto di *What About Us / Earth Song*, in vece di canzone umanitaria per antonomasia dell'album *Dangerous*.

LET'S MAKE *HISTORY*!

A gennaio del 1994 iniziarono le registrazioni per il nuovo album *HIStory: Past, Present and Future - Book I*. Stavolta, includere *Earth Song* nella sua nuova creatura musicale era perentorio. Michael Jackson aveva la giusta motivazione e, soprattutto, l'ispirazione per portarla a compimento. Nella sua mente la visione sonora del brano era vivida e maestosa nella sua interezza. MJ, a questo punto, necessitava di due cose: i musicisti migliori in circolazione in grado di dare gli ultimi cruciali ritocchi a ciò che il Re del Pop custodiva nel cervello, e tanta, tanta dedizione.

Buona parte della demo lasciata in sospeso nel 1991 era soddisfacente: arrangiamenti, durata, Intro e produzione rimasero quasi intatti. Non restava che implementare le addizionali modifiche e stratificazioni soniche; maniacali dettagli che per molti artisti sarebbero perfino superflui, ma non per Michael Jackson!

Il Re del Pop scelse di collaborare nuovamente con il compositore, musicista e produttore canadese David Foster, il quale aveva un certo talento nel creare le cosiddette Power Ballad. Foster possedeva un'attitudine di produzione agli antipodi di quella di Bottrell, ma Jackson sapeva cos'era in grado di fare, ed era certo che non avrebbe mai intaccato quanto di buono fatto fino a quel momento. Il suo compito, appunto, consisteva nell'annettere quel che il cantante - dettato dalla propria proiezione - gli suggeriva. Il produttore, una volta carpite le precise indicazioni richieste da Michael, decise senza remore che il grande orchestratore Bill Ross fosse colui su cui fare affidamento allo scopo di amplificare la drammaticità e il climax del brano - segnatamente nel crescendo finale -, tramite il rafforzo di un'imponente orchestra di archi e strumenti a fiato.

Rob Hoffman, altro ingegnere acustico issato a bordo del progetto, si espresse così in merito: «L'orchestra di Bill Ross aggiunse così tanta drammaticità al pezzo. Trasformò questa bellissima canzone in qualcosa di epico!»

L'intero universo *HIStory* fu una delle operazioni commerciali più dispendiose nella storia della musica e, dopo le infamanti accuse del 1993, non poteva essere altrimenti. Il marchio, ma soprattutto il nome Michael Jackson doveva tornare in auge più splendente che mai, ripulito da quella orrida macchia causata da persone avide di denaro. Ergo non si badava a spese in nessun ambito: dalle megalomani statue promozionali in giro per l'Europa al look del cantante, dal provocatorio *Teaser* ai videoclip, dal marketing al tour mondiale, ogni aspetto trasudava opulenza finanziaria. La megaproduzione di ogni canzone, ovviamente, non faceva eccezione.

Così, al fine di trasformare questa bellissima canzone in qualcosa di epico, serviva, appunto, un'orchestra; il requisito? Doveva essere imponente tanto quanto il messaggio della canzone. E così fu: l'orchestra, composta da oltre 50 musicisti (!), venne chiamata a suonare agli Hit Factory Studios, a New York.

Bill Ross ricevette da Michael la limpida direttiva di estrapolare quanta più potenza acustica potesse spremere da quella monumentale orchestra. Ross prese le redini e la bacchetta in mano e fece eseguire agli oltre 50 musicisti i possenti arrangiamenti firmati David Foster, con tutta la grazia e la professionalità che da sempre lo contraddistinguono. Bill sapeva già di suo quali parti enfatizzare e come enfatizzarle, ma le direttive di MJ lo spronarono a dare più di quanto avrebbe normalmente dato. Capì che *Earth Song* era un'opera alla quale il suo autore teneva particolarmente e non voleva affatto deludere le sue alte aspettative.

Per fare in modo che ciò non accadesse nemmeno remotamente, il fedele ingegnere del suono, Bruce Swedien, si occupò di posizionare strategicamente gli orchestratori per tutto lo Studio, in maniera tale da ottenere il migliore, distinguibile e profondo sound possibile. Grazie alla sua lunghissima esperienza sul campo, egli si prodigò, inoltre, di scegliere le diverse tipologie di microfoni e piazzarli dove servivano.

Prova ne sia il Neumann M 50 (microfono a condensatore omnidirezionale) posizionato con solerzia direttamente sopra al padiglione del basso tuba: la finalità di questo metodo è di esaltare il sound pieno e paffuto del grosso ottone. Ascoltanto il Gospel finale di *Earth Song*, infatti, le robuste soffiate esclamative della tuba si sentono in tutto il loro vigore proprio per merito di questa accortezza del buon *Sven*.

La flotta orchestrale era composta da una miriade di strumenti: viole, violini, violoncelli, contrabbassi, trombe, corni francesi, tromboni bassi, tromboni tenori, tromboni contralti, tube e filicorni contralti.

Earth Song è - volgarmente e profanamente parlando - una canzone Pop. Eppure, la direzione artistica della sua produzione è, in tutto e per tutto, quella di un'opera musicale che nulla ha da invidiare alle sinfonie dei grandi compositori del passato come Beethoven, Debussy e Bach: gli arrangiamenti orchestrali ne sono la conferma. I membri dell'orchestra, a riprova di ciò, furono suddivisi in sezioni organizzate a regola d'arte, esattamente come accade nelle formazioni orchestrali in stile americano. Nel caso di *Earth Song* si optò per il posizionamento adottato per primo dal direttore orchestrale Wilhelm Furtwängler, ovvero la *Variazione Furtwängler*, ma con alcune modifiche nella locazione di qualche sezione.

Suaccennata variazione prevede una sezione di violini primi e una di viole prime, rispettivamente alla sinistra e alla destra del direttore. I violini secondi e i violoncelli davanti al direttore, rispettivamente alla sua sinistra e alla sua destra, con una rotazione diagonale di circa 20° verso l'esterno. I contrabbassi sono disposti a destra dei violoncelli, nello stesso geometrico asse obliquo.

Per l'opera di Jackson, la posizione dei violini primi e delle viole prime rimase invariato, così come l'angolatura delle due sezioni davanti a Bill Ross. Sebbene i violoncelli fossero nella stessa posizione, un cambiamento sostanziale caratterizzava il gruppo di musicisti al suo fianco: viole seconde e violini secondi, infatti, furono raggruppati in un'unica squadra. Questa sovrapposizione è molto ricercata, in quanto amalgama le caratteristiche soniche di due strumenti simili tra loro, ma con tonalità foniche diverse: l'acuta vivacità del violino e la calda, plumbea morbidezza della viola. Data la loro prominente timbrica, si pensò bene di situare i contrabbassi in fondo allo Studio, in vicinanza di una sezione di tromboni contralti e tenori.

Un'altra schiera di strumenti a fiato fu posizionata all'estrema destra degli Hit Factory Studios. Ulteriore maniacale accorgimento fu di mettere dei pannelli che isolassero acusticamente gli ottoni, per far sì che la distinzione sonora tra le due catalogazioni di strumenti fosse più nitida all'orecchio.

I microfoni furono posti - tendenzialmente - in alto, a sovrastare ogni sezione; nel caso della summenzionata tuba, sopra al pagiglione, mentre per quanto concerne i contrabbassi, si scelse di metterli davanti ad essi, elevati da terra con un angolo di circa 45°. Logicamente, maggiore era il numero di musicisti, maggiore era il numero di microfoni. Ad esempio, sopra al gruppo composto da viole e violini, che contava una dozzina di persone, vi erano una decina di microfoni di diversa gamma.

La tridimensionalità del suono è importantissima nella musica di Jackson, e da un'orchestra così imponente si doveva pretendere un sound 3D quanto più immersivo possibile. Tutti questi musicisti e i loro strumenti, i molti microfoni, i pannelli acustici, la direzione impeccabile di Bill Ross, la competenza e la scrupolosità di Bruce Swedien, altro non sono che l'effigie dorata e diamantata che brilla lucente sul marchio Michael Jackson.

Mettendo a confronto la demo del 1991 e la versione definitiva datata 1995, non si può che concordare su un innegabile fatto: Jackson aveva perfettamente ragione nel ritenere incompiuta la sua opera umanitaria più monumentale. Egli prese la giusta decisione nell'aspettare nuova linfa ispiratrice, e l'aggiunta dell'orchestra non è che una delle tante conferme ai suoi cervellotici dubbi.
L'impatto audio è infinitamente più maestoso ed è in grado di proiettare tutto il panorama musicale di *Earth Song* verso orizzonti sonici mirifici, spettacolari, come le albe e i tramonti più belli che il pianeta Terra abbia mai ospitato in 4,5 miliardi di anni.

Importante è ribadire che la parte orchestrale fu suonata e registrata a parte. Fu incorporata successivamente alla canzone grazie ad un laborioso e certosino mixaggio da parte di Swedien e diversi altri ingegneri acustici. Ribadire serve ad evidenziare il lavoro di mixaggio, poiché all'ascolto l'orchestra sembra suonare assieme al resto, in un'unica registrazione: come sempre ci troviamo di fronte ad un prodotto premium di qualità eccelsa.

Michael, nella sua immensa saggezza, pensò di introdurre, inoltre, delle note di chitarra in stile Blues che subentrassero nella seconda strofa, al fine di conglobarsi simbioticamente al cantato, in modo da enfatizzare sinesteticamente il dolore espresso nelle liriche. In principio, Foster pensò di assumere Eric Clapton per la parte - Slow Hand sarebbe stato indubbiamente all'altezza - ma nel 1976, il chitarrista inglese fece delle dichiarazioni infelici decisamente razziste, motivo che - si ipotizzò - portò il team a optare per un altro virtuoso dello strumento, Michael Thompson, che già in passato aveva collaborato con David e Quincy Jones.

Ognuno di questi eccelsi musicisti diede il proprio grande e impeccabile contributo alla canzone, incasellando meticolosamente i numerosi pezzi che compongono questo luculliano mosaico naturalistico. Verso la fine del 1994, un nuovo mix di *Earth Song* era pronto.
Nella primavera del '95, le registrazioni per l'album *HIStory* si spostarono nuovamente ai Record One Studios di Los Angeles.

Matt Forger dichiarò che occorsero circa 40 nastri multitraccia per le registrazioni di *Earth Song*: «Siamo partiti con un multitraccia 24-Track da commutare da analogico a digitale. Il grande lavoro che abbiamo svolto per rendere questo possibile fu impressionante!»

Il Re del Pop, nonostante fosse alquanto compiaciuto dalle tante migliorie apportate alla sua opera più travagliata, lungi era dall'essere appagato in maniera assoluta.
L'ultima settimana, si focalizzò con tutte le sue forze sulle minuzie conclusive, in particolar modo sugli Ad-Lib, e ciò che più lo ossessionava, ovvero il contro-Gospel. Estremamente determinato, esigeva la stessa determinatezza dai suoi collaboratori.

A questo punto, Michael si rivolse a loro, e con tono serioso disse: «Mi dispiace, ma credo che nessuno andrà a dormire questa settimana. C'è ancora molto da fare e dobbiamo consegnare il nastro a Bernie (Grundman, per la masterizzazione - N.d.r.) lunedì mattina».

E così fu.

Jackson e un gruppetto di tecnici del suono dormirono e mangiarono in Studio respirando musica. La ricerca della perfezione sonora era oltre i limiti, persino deleteria.
Rob Hoffman, uno degli ingegneri fonici, narrò di un aneddoto che si potrebbe definire catalizzatore: «Michael stette nello Studio per tutto il tempo, cantando e mixando. Parlammo di John Lennon, una notte, mentre Michael si preparava per cantare il finale di *Earth Song*. Gli raccontai di quando John cantò *Twist and Shout*. Molti credono che Lennon abbia cantato urlando, quasi in modo esasperato, per fare presa sull'ascoltatore, ma in verità era malato, aveva l'influenza e si stava davvero sgolando dallo sforzo. Michael adorò questo aneddoto, al che si recò in cabina di registrazione e diede tutto sé stesso».

Il cruccio che affliggeva maggiormente Michael era il finale Gospel, al punto da causargli ansia, ma l'episodio di Lennon lo spronò a dare il massimo... e oltre! Per l'occasione, pretese che la sua voce spiccasse più del solito, che ogni parola fosse scandita con più enfasi. Ed è qui che entrò in gioco il mago della console Bruce Swedien, che consigliò al cantante di utilizzare un microfono diverso dal solito Shure SM7, ossia il vecchio e fidato Neumann M 49 a sistema esposimetrico con membrana larga.

«Gli dissi di stare fisicamente quanto più vicino possibile al microfono, dopodiché eliminai quasi tutti i precedenti riverberi. Tolsi addirittura il filtro davanti al microfono in modo da sentire la voce in tutta la sua crudezza. Il vero scopo della registrazione in Studio è di preservare l'energia fisica della musica e il suo stesso messaggio», spiegò Swedien.

Michael si recò in cabina di registrazione con espressione seria, determinato più che mai. Il momento era catartico e niente e nessuno doveva deconcentrarlo, nemmeno le luci che, per ordine del cantante, furono tutte spente. Dalla stanza di controllo, Bruce Swedien e gli altri assistenti ingegneri del suono non riuscivano a vedere nulla, ma ciò che sentirono uscire da quella cabina provocò ad ognuno di loro i brividi dall'emozione: un ruggito feroce, graffiante, nel contempo disperato, come se Michael stesse canalizzando il grido d'aiuto di Madre Terra, che dalle profondità del Pianeta saliva velocemente in superficie e poi attraverso i suoi polmoni, eruttò dalla sua bocca come una profezia divina dettatagli da Dio stesso!

Del resto, il Re della musica Pop, la Superstar mondiale più acclamata di tutti i tempi, incurante dei prestigiosi titoli e delle onorificenze, era così umile da non accollarsi nemmeno la benemerenza di ciò che componeva, attribuendone il merito ad un Essere Superiore... E se Dio esiste, e tutto ciò fosse vero, doveva essere molto ispirato quando regalò a Michael Jackson il monito non plus ultra da consegnare come un verbo agli uomini, fautori del proprio destino, molto più di quanto credano.

LA CANZONE DELLA TERRA: ANALISI DEL TESTO - ANALISI SENSORIALE DELLA MUSICA - (L'ASCOLTO DELLA CANZONE, CUFFIE INDOSSO, È CONSIGLIATO PER UNA IMMERSIONE SENSORIALE TOTALE)

- "In natura non ci sono né ricompense né punizioni: ci sono conseguenze" – Robert Green Ingersoll

- "La guerra non si può umanizzare, si può solo abolire" – Albert Einstein

- "Le guerre sono fatte da persone che si uccidono senza conoscersi... per gli interessi di persone che si conoscono ma non si uccidono" – Pablo Neruda

- "È più facile immaginare la fine del mondo che la fine del capitalismo" – Mark Fisher

- "Nessuno è più odiato di chi dice la verità" – Platone

- "Credo che nella sua primordiale forma, tutta la creazione sia un suono, ma non è solo un suono casuale, è musica" – Michael Jackson

I primi bit dell'Intro ci trasportano mentalmente in una foresta incontaminata dove grilli, cicale e rumori ambientali ci rammentano quanto mirifica sia la creazione di Dio e quanto noi, a bordo di un treno impazzito chiamato capitalismo, ci stiamo sempre più discostando da ciò che potrebbe lenire e perfino guarire le nostre ferite spirituali più intime.

Delicate note di arpa in fingerpicking risuonano oniriche, accompagnate dal cinguettio degli uccelli che armoniosamente cantano con essa. La parola *onirica* non è casuale, dal momento che due tra i compositori preferiti da Jackson, Tchaikovsky e Debussy, nelle loro opere utilizzavano spesso questo strumento al fine di evocare mondi incantati, da sogno: onirici, per l'appunto. Da grande divoratore di letteratura, Michael sapeva che anche nella poesia e nei testi religiosi l'arpa è presente per comunicare aspetti narrativi simbolicamente carezzevoli e angelici.

L'arpa e il susseguente arco Synth raffigurano il senso di meraviglia e stupore che si prova di fronte ad un paesaggio naturalistico mozzafiato. Chiudendo gli occhi, si può visualizzare questa foresta, respirarne l'aria pura, ascoltarne i distensivi soniti. È come trovarsi in un luogo sacro di intricata bellezza che, illuminato dal Sole, si risveglia in una nuova alba. E poi, raggiunto uno stato psicologico rilassato, quasi meditativo, siamo in grado di entrare in contatto con la natura al punto tale da sentire **il respiro di Madre Terra** (minuto 0:12): il suo è un suono profondo, imponente, ancestrale... È un suono vecchio di 4,5 miliardi di anni racchiudente intere ere geologiche, che dal nucleo del pianeta sale in superficie per ricordarci che Lei è viva e pulsante.

"Allora il Paradiso Terrestre esiste", pensiamo erroneamente... Ma le malinconiche note di piano e di archi ci riportano nella triste realtà: il Paradiso Terrestre esisterebbe se noi non lo avessimo trasformato in un inferno fatto di ingordigia, indifferenza, dolore, sofferenza e morte. Madre Terra, usando come tramite la voce angelica di Michael Jackson, ha qualcosa di importante da comunicarci, prima che **per noi** sarà troppo tardi:

"Che ne è stato dell'alba?
Che ne è stato della pioggia?
Che ne è stato di tutte quelle cose che dicesti avremmo conquistato?
Che dire dei campi di sterminio?
C'è un tempo?
Che ne è stato di tutte le cose che dicesti fossero di entrambi?

Ti sei mai soffermato a notare tutto il sangue che abbiamo versato in passato?
Ti sei mai soffermato a notare questa Terra piangente, queste coste in lacrime?

Aaaaaaaaaah, Oooooooooh
Aaaaaaaaaah, Oooooooooh"

L'apertura del testo è altamente simbolica: l'alba e la pioggia rappresentano il ciclo naturale di rinnovamento del pianeta; l'alba è il sempiterno rinascere della Terra che, nonostante tutto, sarà sempre accarezzata dalla luce del Sole segnante l'inizio di un nuovo giorno. La pioggia pulisce, purifica, lava via il sangue versato, dà vita, è vita. Questi due elementi sono in netto contrasto con i campi di sterminio, il sangue versato e ogni abominio commesso dall'uomo elencato nel testo. Il messaggio è più profondo di quanto appaia ad una prima lettura: noi distruggiamo, la Terra si rinnova perpetuamente malgrado ciò, incurante della nostra fastidiosa presenza.

Il Paradiso Terrestre fa dunque spazio ad un panorama post apocalittico di una landa desolata, della quale l'uomo ha fatto scempio.

La voce del Re del Pop, nella prima strofa, è accompagnata da poche, mirate ed effettive note ai sintetizzatori, che seguono come un'ombra l'arrangiamento vocale.

Da un uomo, che da bambino era in grado di cantare *Who's Loving You* come se avesse già vissuto esperienze sentimentali al tempo a lui sconosciute, ci si aspetta sempre un'interpretazione canora fuori dal comune in grado di immettere le liriche nel nostro Io più profondo, facendoci immedesimare nel testo visceralmente, ma con *Earth Song* siamo decisamente oltre la ionosfera. È come se tutta la sofferenza del mondo si concentrasse in una massa d'energia, per poi canalizzarsi mediante Michael, scaturendo in un cantato di assoluta magnificenza e commozione. Ogni singola parola è scandita nitidamente, affinché all'ascoltatore non sfugga il suo insito significato.
Il vibrato vocale, alla fine di ogni strofa, è misticamente perfetto. In esso è racchiuso l'evidenziare del soggetto della frase: "Sun**rise** / **Rain** / **Gain** / **Fields** / **Time** / **Mine**"... Nel suo tremolio, apparentemente flebile di un Michael quasi piangente, il suggestivo vibrato racchiude

in sé la furia di un uragano in grado di rafforzare notevolmente il messaggio della canzone medesima.

Il cambio di registro vocale nel pre-ritornello "Did you ever stop to notice all the blood we've shed before? / Did you ever stop to notice this crying Earth, these weeping shores?" è da antologia, poiché Jackson passa da una tonalità sofferente alla voce di petto (erroneamente chiamata falsetto), con una leggiadria che lascia stupefatti.

Il ritornello è privo di parole. Non v'è bisogno di alcuna. Esse sono superflue. "Aaaaaaaaaah, Oooooooooooh" trasmette compiutamente l'entità della canzone grazie all'incantevole e - al tempo stesso - mesta melodia, nonché alla moltitudine di suoni che lo compongono. Questo fu il primo incipit che "Cadde nel grembo" del cantante e mai è cambiato dal 1988. Egli percepì che suddetta melodia fosse **il canto piangente di Madre Terra**, la sua supplica rivolta al genere umano, un solenne inno rivendicativo dei propri diritti. La strofa "Did you ever stop to notice **this crying earth**" ("Ti sei mai soffermato a notare **questa Terra piangente**") è lapalissianamente un cristallino riferimento anticipatorio al coro effigiante, appunto, il pianto della Terra.

Il genio di Gary aveva immaginato, anzi, addirittura vaticinato il modo in cui il pianeta potesse invocare la nostra compassione per mezzo di una melopea quasi liturgica e... Mai note furono più indovinate. **Il ritornello è privo di parole**. Non v'è bisogno di alcuna. Esse sono superflue... **Affinché tutte le popolazioni del mondo** possano cantarlo, indipendentemente dalla loro etnia, stato sociale, colore della pelle, religione e lingua! Forse Michael aveva ragione nell'asserire di essere meramente un tramite attraverso il quale Dio comunica con noi.

Ma non è unicamente la linea melodica del ritornello ad esprimere e raffigurare in musica l'essenza del nostro pianeta, altresì i suoni che l'accompagnano. Gli archi, i cori, i sintetizzatori, il tamburello e la voce afflitta di Michael seguono in perfetto sincrono la sequenza di note del refrain, come un'orchestra diretta da Dio in persona, il quale fa suonare d'immenso la natura: il tamburello diventa il sonito piacevole e al contempo minaccioso delle foglie degli alberi accarezzate dal vento; i cori sono stormi di uccelli che si alzano in volo da quegli stessi alberi scossi dalle correnti d'aria; i sintetizzatori e gli archi, in particolare, fortificano il comparto sonoro con la stessa intensità con la quale la luce del Sole illumina questo paesaggio orchestrale; la voce di Michael Jackson supplica noi tutti ad ascoltare e soprattutto comprendere la gravità situazionale, nella speranza di intervenire per ovviare ai tanti problemi da noi causati.

Ad un livello superficiale, qualcuno potrebbe etichettare la performance del Re del Pop come *una delle sue solite esecuzioni di bel canto*, ma quel qualcuno commette un grave errore: laddove la maggior parte degli artisti, di fronte ad un testo così toccante, si lascerebbero andare a stucchevoli e melodrammatiche enfatizzazioni vocali, Michael padroneggia un'abilità unica nel conferire peso al significato delle parole, un significato che sovrasta il semplice spartito. L'interpretazione canora in *Earth Song* è eufemisticamente pittoresca, poiché il suo autore è stato in grado di trasmettere - più che mai - quel che lui provava, ciò che l'accezione delle liriche deve comunicare, iniettandole nel subconscio, valicando il senso dell'udito e della normale percezione ed elaborazione cerebrale che ne consegue. Oltre la pelle d'oca e i brividi lungo la schiena, questo struggente cantato arriva a toccare le corde più intime dell'anima.

A proposito di prodigiose virtù interpretative, il grande Marvin Gaye, diversi anni prima, lodò MJ con le seguenti parole: «Michael non perderà mai la qualità che separa il mero sentimentalismo dall'autentico accoramento. È radicato nel Blues, e non importa quale genere Michael stia cantando, quel ragazzo ha il Blues dentro di sé».

È improbabile che Jackson abbia voluto addizionare la chitarra in pieno stile Blues di Michael Thompson, con lo scopo di creare osmosi sinergica con il suo stile canoro - anch'esso Blues-, magari galvanizzato dal ricordare le belle parole del collega. Ma quel che è certo, è che l'unione dei due elementi si consolida vicendevolmente in perfetta simbiosi, regalando all'ascoltatore un connubio di forte impatto emotivo; un botta e risposta, quello tra voce e chitarra, melodicamente coinvolgente e commovente:

"Cosa abbiamo fatto al mondo?
Guarda cosa abbiamo combinato!
Che ne è stata di tutta quella pace che promettesti al tuo unico figlio?
Che ne è stato dei campi fioriti?

C'è un tempo?
Che ne è stato di tutti i sogni che dicesti fossero di entrambi?

Ti sei mai soffermato a notare tutti i bambini morti per la guerra?
Ti sei mai soffermato a notare questa Terra piangente, queste coste in lacrime?

Aaaaaaaaaah, Oooooooooooh
Aaaaaaaaaah, Oooooooooooh"

La chitarra e la voce si complementano mutuamente: l'una è l'estensione dell'altra ed entrambe conglobano in un pathos spirituale che si eleva progressivamente in drammaticità di battuta in battuta. Michael esterna il messaggio di Madre Terra con crescente angoscia e le poche, ma effettive note di chitarra riflettono il suo stato d'animo totalmente, come una piangente risposta sonora sottolineante le sue parole.

Lo spettro sonico di *Earth Song* valica il senso uditivo proiettandosi nel nostro cervello sinesteticamente, facendoci immergere psicovisivamente in uno scenario di guerra ove morte e distruzione predominano. Noi, impotenti di fronte a ciò, osserviamo "Cosa abbiamo fatto al mondo" e d'un tratto, una farfalla si poggia sul dorso della nostra mano: Michael ci descrive lo scenario con voce angustiata, la chitarra suona afflitte note Blues e la farfalla muove le ali assieme ad essa, quasi fosse una raffigurazione visiva dello strumento.

Al declamar della strofa "What about all the peace that you pledge your **only son**" ("Che ne è stata di tutta quella pace che promettesti al tuo **unico figlio**?"), Jackson fa il primo riferimento ai testi sacri: la "Promessa di pace al tuo unico figlio" è un'allusione biblica rivolta sia all'uomo, ma soprattuto a Dio, per antonomasia **IL Padre dell'unico Figlio**. In vece di profeta, MJ sfida, mette alla prova l'Onnipotente domandando Lui che fine abbia fatto la pace che promise al Suo unico figlio, Gesù. Il Cristo che, al posto della pace terrena, si è visto crocifiggere dagli stessi uomini che voleva redimere e che dal Padre, in quella circostanza, fu abbandonato. L'essere stato allontanato dai Testimoni di Geova - come menzionato sopra - permise a Michael di osare porre a Dio una domanda sì provocatoria, ma lecita e, perdonate il gioco di parole, sacrosanta. Questo interrogativo cela un altro intrinseco quesito: se la pace è stata omessa a Gesù, non potrà, dunque, esserci pace per l'uomo comune?

"What about **flowering fields**? Is there a **time**?" (Che ne è stato dei **campi fioriti**? C'è un **tempo**?"): la parola *time* è pronunciata con cadenza di rassegnazione, quasi rotta dal pianto, ad evidenziare lo scempio perpetrato dall'essere umano alla propria casa. In questo panorama post apocalittico, nemmeno un singolo *fiore* è sopravvissuto alla sete di distruzione insensata che da sempre ci caratterizza come specie.

"What about all the **dreams** that you said was yours and mine?" ("Che ne è stato di tutti i sogni che dicesti fossero di entrambi?"): quando l'ingordigia umana avrà divorato ogni cosa, allora, i sogni verranno infranti, divelti e, con essi, svanirà anche la speranza.

"Did you ever stop to notice **all the children dead from war**?" ("Ti sei mai soffermato a notare **tutti i bambini morti per la guerra?**"): ineludibile, in questo frangente, non citare lo Short-Film, poiché il connubio tra suddetto e canzone è in assoluto il pezzo più toccante dell'intera opera audiovisiva. Un padre, assieme alla famiglia, va alla ricerca della figlia scomparsa dopo i bombardamenti. Entrati in quella che una volta era la loro casa, trovano una bicicletta distrutta. Un flashback riaffiora nella sua mente: lui e la sua famiglia sono seduti su un bel prato verde a godere della vita; la figlia corre felice verso quella bicicletta e le immagini tornano sul volto di un padre ora devastato dal dolore, ora consapevole di non poter mai più riabbracciare la sua bambina. Quando si scrivono libri, è buona regola non rivolgersi mai al lettore in prima persona... Ma le regole, talvolta, esistono per essere infrante. Nonostante io abbia visto questo video centinaia di volte, ogni singola volta stento a trattenere le lacrime: il mio cuore si gonfia come un palloncino.

Nel mondo, attualmente, sono in corso otto guerre maggiori e altre venti *minori* combattute quasi tutte tra Africa e Asia. Paesi industrializzati, con a disposizione triliardi di dollari per gli armamenti, sganciano quotidianamente bombe in testa a persone che non possono permettersi nemmeno l'acqua potabile. Decine di migliaia di bambini muoiono sotto i bombardamenti nel silenzio e nell'indifferenza generale. Il fatto che tutto ciò accada a migliaia di chilometri di distanza fa sì che l'opinione pubblica classifichi questi genocidi sotto la voce Irrilevante, come se quelle vite distrutte contino meno di altre. Nuovamente, il pernicioso costrutto ideologico di *Noi e Loro* si mostra per ciò che davvero è: la più miserabile e insensata congettura umana mai concepita.

Mentre Michael espone uno dei più ancestrali quesiti sul perché degli innocenti e degli indifesi debbano subire, soffrire e morire, il pathos, dovuto alla mancanza di risposta a questa domanda, accresce esponenzialmente, tramutandosi in tensione ramificata da amare ed intense note di archi e sintetizzatori. Dopo la domanda successiva, "Did you ever stop to notice this crying Earth, these weeping shores?" ("Ti sei mai soffermato a notare questa Terra piangente, queste coste in lacrime?"), il pianto di Madre Terra confluisce in un climax di furente potenza in cui la batteria e il basso irrompono con un'eruzione sonora di proporzioni epiche. Un vero e proprio momentum degno dei più imponenti pezzi Rock, straziante quanto la più drammatica delle Opere, biblica al pari del Gospel più invocante la carità divina, emotivamente coinvolgente quanto il Blues più viscerale, e musicalmente raffinata come il Pop nella sua più alta espressione artistica.

Ogni colpo di batteria è il boato di una bomba che uccide un bambino; il fracasso legnoso di un albero secolare appena abbattuto che tra il fogliame dei suoi fratelli cade; il tonfo di un elefante che si accascia a terra morente colpito dai proiettili dei bracconieri; il bang di una pistola che uccide a sangue freddo un completo estraneo, perché così è stato ordinato al soldato che ha premuto il grilletto.

Il basso, con il suo sound vigoroso, rotondo e penetrante, conferito dalla pedaliera Basso Octave, pulsa e vibra come il suono minaccioso del motore degli aerei da bombardamento che volano sopra le abitazioni di civili inermi; come il lamento degli animali imprigionati e uccisi per le loro carni e le loro pellicce; come i plumbei pensieri vorticosi e carichi di disperazione di genitori che seppelliscono i propri figli a causa di guerre senza senso; come il canto di una balena smarrita che per via dei sonar militari perde l'orientamento, spiaggiandosi miseramente.

La farfalla, simbolo di trasformazione e bellezza, spaventata, vola via, e quel che rimane dinanzi ai nostri occhi è devastazione, macerie e morte. Il contrasto tra il delicato volo della farfalla e il panorama catastrofico invoca in noi un pensiero illuminante, un pensiero che abbiamo sempre celato nei meandri della nostra mente, ma mai rivelato perché terrorizzante, per quanto veritiero sia: avevamo la felicità a portata di mano, ospiti di un pianeta meraviglioso, ma l'abbiamo barattata per un'illusoria e materialistica letizia.

Prima della gradazione ascendente del Gospel finale, Michael smette per un momento di essere *La voce di chi non ha voce*, e riflette tra sé e sé:

"Ero solito sognare
Ero solito guardare oltre le stelle
Ora non so dove siamo

E se anche lo sapessi, siamo andati alla deriva!

Aaaaaaaaaah, Oooooooooh
Aaaaaaaaaah, Oooooooooooh"

Egli è frangibile, vulnerabile, angosciato. Il cambio di registri vocali, durante il Bridge, prova quanto versatile e pittoresca fosse la sua voce: egli passa dallo sgomento sulle strofe "I used to dream / I used to glance beyond the stars" ("Ero solito sognare / Ero solito guardare oltre le stelle"), ad una repentina disperazione in "Now I don't know where we are" ("Ora non so dove siamo"), ed infine ad uno scatto d'ira rabbioso in "Although I know, we've drifted far!" ("E se anche lo sapessi, siamo andati alla deriva!").

Questo intermezzo raffigura la soglia percettiva psicologica a ridosso dello stato liminale che ci induce a pensare a ciò che fu, a quel che poteva essere, e a ciò che realmente è.

A conclusione del primo refrain, una torva soffiata di strumenti a fiato funge da preludio al subentrare del successivo ritornello, stavolta intensificato come violenta tempesta grazie all'innalzamento di una tonalità in SI Bemolle Minore, tonalità che perdurerà sino a fine canzone. La potenza del pianto di Madre Terra è amplificata da una flotta sonora ancor più agguerrita: la maiestatica orchestra diretta da Bill Ross, i vellutati sintetizzatori ricamati accuratamente da David Paich e Steve Porcaro, l'aggressiva batteria di Steve Ferrone, il plumbeo basso di Guy Pratt e, soprattutto, l'angelica voce graffiante di Michael Jackson, in sodalizio coi maestosi cori della Andraé Crouch Choir, impetuosamente risuonano con più accorata enfasi. Un botta e risposta, quello tra MJ e i cori, che si tramuta e appare audiovisivamente nelle nostre sinapsi sotto forma di frammenti di luce solare che forano il velo delle nuvole proiettandosi sul suolo come saette.

Questo cambio tonalità in SI Bemolle Minore è il prolegomeno al Gospel finale:

"Aaaaaaaaaah, Ooooooooooh
Aaaaaaaaaah, Ooooooooooh"

È giusto sostare per un momento su questo importante aspetto musicale. Fatto assodato è che negli ultimi due decenni le canzoni contenenti un cambio tonalità siano sempre meno. Il musicista Chris Dalla Riva, a riprova di ciò, ha analizzato tutte le 1.143 hit che dal 1958 al 2022 hanno conquistato la posizione #1 della Billboard Hot 100.
Se dagli anni '60 ai '90 il numero di brani comprensivi di tale modulazione era piuttosto corposo, dal 2010 al 2022... **solo una** canzone ne era provvista, ovvero *SICKO MODE*, di Travis Scott.

Il cambio tonalità non è obbligatorio né essenziale, ma in alcune circostante aggiunge carattere al pezzo. Un paio di esempi: al minuto 3:23 di *Livin' on a Prayer*, dei Bon Jovi, si assiste letteralmente ad un'esplosione acustica, che ha la capacità di fortificare il messaggio del testo, il quale diviene perfino più emozionante. In *Penny Lane*, dei Beatles, non addiziona di certo potenza sonora ad una canzone di per sé leggiadra, ma fa sì che l'apparato uditivo gioisca quando suddetto cambio sopraggiunge.

Nel catalogo Jacksoniano si possono citare diversi esempi: *Will You Be There, Childhood, Speechless, I'll Be there, We Are the World, Man in the Mirror, Heal the World* e, naturalmente, *Earth Song*. Le ultime quattro menzionate sono tutte appartenenti alla categoria canzoni umanitarie, ed è il genere che probabilmente beneficia maggiormente di questo tipo di scrittura musicale. Da notare, inoltre, è il fatto che una volta subentrato nelle quattro suaccennate, non le abbandoderà fino alla loro conclusione. La potenza che si origina dopo il cambio tonalità è di grande magnitudo audio: esso amplifica e conferisce maggiore impatto sonoro, veicolando più efficacemente il significato delle liriche nel cervello dell'ascoltatore. Non è mandatorio né imprescindibile, va sottolineato, ma può davvero fare la differenza quando usato con cognizione di causa.

Prima di proseguire nell'analisi, tassativo è soffermarsi sulla epica registrazione vocale di Michael Jackson in risposta al Gospel.

TECNICISMI MUSICALI: LA PAROLA A BRUCE SWEDIEN

«Il suono della voce di Michael Jackson era molto, molto importante per me. All'inizio pensai: "Caspita, questa è la voce perfetta per usare il Neumann U 47". Dunque, provai quel microfono con la voce di Michael e, stranamente, non mi piacque. Non era male, ma mancava qualcosa. Così pensai tra me e me: "Quale microfono sarebbe grandioso per registrare la voce di Michael? Ci sono... Lo Shure SM7! È fantastico".

Essendo un microfono dinamico, non a condensatore, rappresentava sicuramente una scelta inusuale per la maggior parte delle persone alla ricerca di un buon apparecchio col quale registrare la propria voce.

Ciononostante, lo Shure SM7 calzava a pennello con la voce di Michael. Sembrava lo avessero progettato apposta per lui. Da quel momento, la stragrande maggioranza delle mie registrazioni con Michael avvennero con quel microfono.

In questo senso, MJ era un gran professionista. Sapeva come distanziare la sua bocca dal microfono per ottenere sempre il miglior risultato. Per tutta la durata della canzone riusciva a mantenere la stessa consistenza vocale cantando a pochi centimetri da esso. Era un artista consumato.

Eppure, ci fu una volta che utilizzammo un microfono diverso dal solito Shure SM7.

Accadde durante le registrazioni di *Earth Song*, brano che Michael adorava quasi quanto *Smile* di Charlie Chaplin, che era il suo preferito.

Michael e io decidemmo che questa canzone necessitava di un sound diverso da quello dello Shure SM7. *Earth Song* è un incredibile inno ecologista e dovevamo imprimervi un impatto maggiore. Tramite essa, volevamo lanciare un potente messaggio musicale al mondo.

Così tirai fuori il Neumann M 49, un tipo di microfono che permette alle dinamiche vocali di entrarti davvero dentro.

L'aspetto di *Earth Song* che mi affascinò di più fu che la voce di Michael sembrava così diversa! Nel Triple Forte (vale a dire la parte Gospel finale) è possibile sentire ogni singola parola pronunciata con enfasi cristallina.

Mike voleva accompagnare il poderoso gospel "What about us?" con voce impetuosa, ma inizialmente lo registrò in falsetto (più precisamente voce di petto – N.d.r.).
Insoddisfatto del risultato, tornò dietro al microfono Neumann M 49 e urlò a pieni polmoni. **Sforzò le corde vocali a tal punto da rischiare di danneggiare la sua voce in maniera permanente**.

Il pericoloso sforzo fu ripagato da un'interpretazione tra le più toccanti e maestose della sua intera carriera.

Il compito che Michael assegnò a me fu: "Quando arriviamo al coro, deve esploderti la testa. Se non succede, abbiamo fallito".

E non fallimmo!» – Bruce Swedien

Se l'espressione "Sforzò le corde vocali a tal punto da rischiare di danneggiare la sua voce in maniera permanente" vi sembra esagerata, ascoltate la versione A Cappella di *Earth Song*, reperibile su YouTube, e giudicate voi stessi.

LA COLLERA DIVINA ATTRAVERSO IL GOSPEL DEFINITIVO

- "Quando l'ultimo albero sarà abbattuto, l'ultimo pesce mangiato, e l'ultimo fiume avvelenato, vi renderete conto che non si può mangiare il denaro" – Proverbio indiano

- "Sentivo così tanto dolore e così tanta sofferenza per la situazione in cui versa il pianeta Terra. Questa canzone è praticamente la mia opportunità di far ascoltare alla gente la voce del pianeta" – Michael Jackson

Viviamo in un mondo in cui gli animali valgono più da morti che da vivi; dove un albero ha più valore abbattuto anziché in piedi a dispensarci ossigeno; dove le vite di miliardi di persone sono viste come profitto da corporazioni assetate di denaro; dove la guerra è spesso una scusante per rinvigorire le economie... Un mondo dove il mondo non è una casa, bensì un business!

Una società sana dipende dall'abbandono di questi abomini. Solo una presa di coscienza globale e univoca cambierà davvero le sorti del mondo e, di conseguenza, della nostra sopravvivenza in quanto specie. *Earth Song* è il manifesto planetario volto a sensibilizzare i popoli affinché si instilli in noi la cognizione che possiamo pretendere che tutti gli esseri viventi e la natura non siano trattati come risorse estraibili.

Sono le persone illuminate e critiche come Michael Jackson a mostrarci il **sentiero**, ma tocca a noi doverlo intraprendere:

"Heey!
Che ne è stato di ieri? (Che ne è stato di noi?)
Che ne è stato degli oceani? (Che ne è stato di noi?)
I cieli stanno cadendo (Che ne è stato di noi?)
Non riesco nemmeno a respirare! (Che ne è stato di noi?)
Che ne è stato degli africani? (Che ne è stato di noi?)
Non ho ancora finito! (Che ne è stato di noi?)
Che ne è stato del valore della natura? (Oooh)
È il grembo del nostro pianeta! (Che ne è stato di noi?)
Che ne è stato degli animali? (Che dire di questo?)
Abbiamo polverizzato il loro regno! (Che ne è stato di noi?)
Che ne è stato degli elefanti? (Che ne è stato di noi?)
Abbiamo perso la loro fiducia (Che ne è stato di noi?)
Che ne è stato delle balene piangenti? (Che ne è stato di noi?)
Stiamo devastando i mari! (Che ne è stato di noi?)
Che ne è stato dei sentieri forestali? (Oooh)
Bruciati, nonostante le nostre suppliche! (Che ne è stato di noi?)"

ANALISI INTROSPETTIVA DEL GOSPEL

Michael ci esorta ad incamminarci lungo il sentiero con un tonante e prolungato "Heey!": esige la nostra massima attenzione.

Il significato delle liriche, ad una lettura approssimativa, potrebbe apparire semplicistico e ripetitivo. "What about" ("Cosa ne è stato" / "Che dire"), de facto, viene sì ripetuto spesso, ma la vera chiave di lettura sta nel **soggetto** delle frasi, ed è più complessa e articolata di quanto sembri. L'intepetazione magistrale del King of Pop, inoltre, ne ispessisce la semantica. Ogni strofa si può, anzi, si deve decodificare e illustrare in modo più espansivo, poiché questo è lo scopo del messaggio di *Earth Song*. Il **soggetto** della frase non è mai casuale ed incorpora un connaturato senso esplicativo lasciato all'interpretazione e all'intelligenza dell'ascoltatore.

"What about **yesterday**?" ("Che ne è stato di **ieri**?"): che ne è stato del tempo che fu? Cosa ne è stato della storia? Osservando gli orrori che ancora oggi perdurano imperterriti, la risposta più ovvia è che l'abbiamo, in un certo qual senso, cancellata o comunque relegata al solo passato, senza impararvi nulla. Come se quel passato fosse la storia di un altro pianeta e in qualche modo non ci riguardasse più: niente di più erroneo. Ad ogni crisi economica i governi, puntualmente, fanno tagli all'istruzione e, plausibilmente, il motivo reale di codesta malastrua decisione è tutt'altro che casuale. L'ignoranza è un brutto male, perché dal momento in cui ci troviamo di fronte a miliardi di persone con scarsa o nulla istruzione, le possibilità di miglioramento sono assai ridotte. Se cancelliamo e/o non conosciamo la storia, saremo condannati a riviverla. La macchina capitalistica marcia inesorabile anche per merito dell'ignoranza, la quale mantiene un certo immobilismo culturale stantio utile ad alcune persone di potere in vetta all'establishment.

Il coro risponde ad ogni battuta per mezzo di un vigoroso "What about **us**?" ("Che ne è stato di **noi**?"), a rammentare agli uomini d'affari dei piani alti quanto sia sempre più vicino il giorno in cui noi e loro saremo sulla stessa scala sociale, se continueremo di questo passo: un mondo post apocalittico, seppur orribilmente ingiusto, paradossalmente sarebbe equo e non farebbe distinzioni classiste. Quel "Noi" racconta la storia di una grande unificazione. Lo squallido concetto *Noi e Loro* è annichilito con veemenza da un coro ritratto simbolicamente da quelle persone che, assieme a Michael, hanno preso coscienza e, ora unite, rispondono al leader di questa *Resistenza musicale*.

"What about the **seas**?" ("Che ne è stato degli **oceani**?"): la salute delle acque del pianeta è tremendamente precaria. Le stime sono inquietanti: la quantità di plastica galleggiante, nonché quella depositata sui fondali marini è di circa 268.240 **miliardi** di tonnellate. A largo degli Stati Uniti si è formata una vera e propria isola di plastica di proporzioni abnormi che supera, in chilometri quadrati, la superficie della Francia. Perfino nella fossa delle Marianne, nel punto più profondo che misura quasi 11.000 metri, sono state trovate considerevoli quantità di plastica e metalli pesanti. Grazie a delle spedizioni con speciali sottomarini in grado di raggiungere tali profondità e prelevare campioni del fondo oceanico, inoltre, è emerso che plastiche e metalli industriali sono presenti anche sotto forma microscopica: questo dato è ancor più allarmante, considerando l'impossibilità di rimuoverla completamente, a differenza dei pezzi di provenienza dalle dimensioni più grandi.

Che dire poi delle miliardi di tonnellate di scorie radioattive gettate nei mari di cui non parla più nessuno? Per caso le centrali nucleari sono state tutte dismesse? Che dire dei disastri ambientali causati da ingenti quantità di petrolio fuoriuscite dalle cosiddette carrette del mare che, viste le loro precarie condizioni, incorrono in inevitabili incidenti? Che dire degli scarti tossici di milioni di fabbriche in tutto il globo che si servono di fiumi, laghi e oceani come fossero delle fogne, noncuranti del fatto che il pesce che *noi* mangiamo si nutre anche di questo? Che ne sarà delle barriere coralline che a ritmi vertiginosi scompaiono? Che dire del livello della acque che si innalza pericolosamente a causa dello scioglimento dei ghiacciai? In un futuro non molto lontano, città come Venezia, Amsterdam e Miami saranno interamente sommerse.

Ma il surriscaldamento globale ha effetti disastrosi anche per gli animali. Gli orsi polari intrascorrono la maggior parte del loro tempo sulle banchise ghiacciate per procacciarsi il cibo. Proprio a causa dello scioglimento dei ghiacciai e delle banchise, dovuto all'effetto serra, un gran numero di loro perisce tra i mari. Spesso, il punto fermo più vicino dista chilometri. Decisamente troppi anche per un animale di così grande forza fisica. Così, stremati per via delle lunghissime nuotate in cerca di un'altra base d'appoggio non ancora scioltasi, trovano la morte, inghiottiti dalle gelide acque. Il WWF stima che di questo passo, entro il 2050, il numero dei grandi mammiferi artici si ridurrà di oltre il 30%!

Le conseguenze delle nostre azioni toccano ogni essere vivente, ogni elemento della natura, inclusa, ovviamente, l'aria...

"The **heavens** are falling down, I can't even **breathe**!" ("I **cieli** stanno cadendo, non riesco nemmeno a **respirare**!"): i cieli, l'atmosfera, in altre parole l'aria che respiriamo, stanno collassando, imputriditi da migliaia di sostanze velenose calcolate in quasi 40 miliardi di tonnellate di emissioni annue. Gas ad effetto serra, emissioni radioattive, monossido di carbonio, ossidi di azoto, benzene, piombo, idrocarburi policiclici aromatici, diossina, ozono troposferico e migliaia di altri particolati inquinanti stanno avendo un impatto oltremodo disastroso su tutto l'ecosistema planetario. Tutto ciò inacidisce a avvelena l'aria, per poi ricadere, sotto forma di pioggia, intossicando il suolo, le coltivazioni, le acque e le falde acquifere: è tutto un dannato circolo vizioso e non vi è alcun modo di eluderlo!

Se per alcuni la strofa "Non riesco nemmeno a respirare" potrebbe sembrare un'esagerazione, un'iperbole, i dati dimostrano l'esatto contrario. Le malattie all'apparato respiratorio e i casi di tumore dovuti all'inquinamento atmosferico sono in crescente aumento, e a pagarne il prezzo più alto sono i bambini, poiché respirano volumi d'aria proporzionalmente superiori rispetto agli adulti - circa il doppio per ogni chilo di peso - e quindi inspirano una quantità di veleni decisamente maggiore. Ma poco importa finché il problema non ci tocca da vicino. Se da un lato i paesi più evoluti hanno fatto progressi nel ridurre le emissioni nocive, dall'altro permettono alle nazioni in via di sviluppo - ormai divenute le fabbriche del mondo - di usufruire di qualsiasi tipo di combustibile affinché producano per **noi** tutto ciò che il capitalismo ci impone come bisogno primario alla nostra *ricerca della felicità*. Per la seconda volta, è doveroso ripeterlo: è tutto un dannato circolo vizioso!

"What about **africans**?" ("Che ne è stato degli **africani**?"): su questo punto è doveroso aprire un'ampia parentesi contenente fatti storici e situazione attuale di questo popolo. Perché nominare proprio gli africani? Perché non gli asiatici o i caucasici? La prima cosa che verrebbe in mente è l'origine afroamericana del cantante, il che è plausibile. Ma se mettiamo insieme lo scenario post apocalittico descritto in *Earth Song* e le parole "Che ne è stato degli africani?", allora, tutto ci apparirà più nitido.

- "Tutto ciò che l'uomo ha imparato dalla storia è che dalla storia l'uomo non ha imparato niente" – Hegel

Facciamo un ripasso di quella **storia**, di quel **ieri** che nascondiamo sotto al tappeto.

Nella prima strofa del brano Michael canta "What about **killing fields**?" ("Che dire dei **campi di sterminio**?"); nel Gospel cita gli **africani**. Le due cose sono correlate, perché sempre di orrorifici eccidi e di situazioni connesse trattasi. Con intelligenza, il Re del Pop spazia da un argomento all'altro, riprendendo in seguito una determinata tematica sotto un ulteriore e più approfondito punto di vista. Dapprima, con sole due parole, *killing* e *fields*, fa' la lista completa di genocidi e campi di sterminio ove milioni di persone hanno perso la vita: Cambogia, Russia, Giappone, Bangladesh, Amernia, Grecia, Corea e decine di altri paesi nel mondo sono stati teatro di artaudiane carneficine che al solo leggerne i dettagli si perde letteralmente fede nell'umanità. Poi, con una sola parola, *africans*, tratta lo stesso argomento dalla visuale, stavolta, degli africani.

La complessità del testo di *Earth Song*, di fatto, è da ricercare nella sua semplicità. Sembra una contraddizione, ma non lo è, dacché la genialità delle liriche è situata proprio nella sua caleidoscopica **capacità di contenere intere pagine di storia in pochissimi ed effettivi vocaboli**.

Il più conosciuto e documentato olocausto - e realtivi campi di sterminio - è senza dubbio quello ad opera della Germania nazista, simbolo della sublimazione del male. Adolf Hitler, uno dei più malvagi e sanguinari dittatori mai esistiti, era alla ricerca di quella che, secondo lui, aveva dato origine alle altre etnie, o meglio, alle etnie che lui riteneva superiori. Hitler, dietro suggerimento del fidato comandante delle SS, Heinrich Himmler, commissionò dispendiose ricerche in Tibet affinché i suoi seguaci studiassero i tratti facciali e fisici dei tibetani, facendo loro dei calchi in gesso del cranio, al fine di trovare un nesso tra suddetta popolazione e l'assurda teoria pazzoide. Va specificato, a onor di cronaca, che i nazisti nutrivano grande rispetto nei confronti della popolazione tibetana, in quanto, come spiegato sopra, li ritenevano tra i capostipiti della *razza pura*, secondo la loro fallace e orrorifica visione. Questi studi, infatti, furono svolti senza torcere loro un capello. In Europa, al contrario, atroci esperimenti su migliaia di innocenti erano alla base di questa esecrabile utopia di creazione della *razza ariana*. Il tiranno austriaco, però, nella sua folle ignoranza, non era a conoscenza di un fatto fondamentale che gli scienziati danno ormai per certo: se di razza progenitrice dobbiamo parlare, allora, l'Africa è il continente da dove la nostra specie ha avuto origine.

Michael, vorace lettore, questo lo sapeva e non casualmente menziona gli africani e lo scenario peggiore che possa loro accadere: l'estinzione. La stessa estinzione che Hitler stava attuando con la diabolica *Soluzione finale* a danno di ebrei, cattolici, omosessuali, portatori di handicap e di tutte quelle persone da lui considerate *inferiori*. Il continente africano e i suoi abitanti, sebbene non si applichino gli stessi termini, sono a tutti gli effetti preda di una soluzione finale, sicuramente non effimera quanto quella del Terzo Reich, ma comunque perpetuante da secoli.

Alcune nazioni che si professavano e si professano tuttora *civili* ed *avanzate* hanno ridotto in schiavitù milioni di africani già a partire dal XVI secolo, tramite la famigerata *Tratta degli schiavi*.

Gli storici stimano che durante i tre lunghi secoli in cui vigeva questa barbarie, circa 12 milioni di africani furono imprigionati da Gran Bretagna e Stati Uniti. Di questi, circa quattro milioni di loro morirono durante le traversate atlantiche, buttati a mare come zavorra in eccesso, quando questi presentavano il minimo segno di una malattia. La tratta degli schiavi viene tristemente ricordata con il nome di *Black Holocaust* (*L'olocausto africano*). Un altro dittatore, di cui si parla di rado, ma che per numero di uccisioni supera abbondantemente Hitler, fu Leopoldo II del Belgio. Nel 1884 cominciò la sua scalata sanguinaria alla conquista dello Stato del Congo. Egli portò avanti una politica di massacri che decretò la morte di circa 10 milioni di congolesi su una popolazione di 25 milioni di persone! Motivo? Denaro e conquista di quella nazione che, sotto al suo dominio, fu ribattezzata... Stato **Libero** del Congo. La parola *Libero*, in questo caso, fa scorrese un brivido di ribrezzo lungo la schiena. Dapprima, fu il commercio d'avorio. Poi, l'estrazione della gomma dagli alberi. Il tutto, naturalmente, rendendo la sua manodopera locale totalmente schiavizzata e sottomessa ai suoi comandi. A chi non raccoglieva la quota giornaliera stabilita di gomma venivano amputati gli arti per punizione. Leggenda narra che la terra africana sia di colore rosso per via del sangue versato... Più che una leggenda, sembra una plausibile verità.

Oggi, questi genocidi non sono affatto cessati. Semplicemente, gli stati sovrani si sono evoluti e continuano ad evolversi grazie al saccheggio sistematico di qualsiasi risorsa serva agli schiavi inconsapevoli di esserlo (**noi**), che si illudono di vivere in una democrazia giusta e buona. L'Africa è il continente più ricco del mondo - ebbene sì - ma allo stesso tempo ospita le persone persone più povere in assoluto: petrolio, diamanti, oro, gas, tantalio, bauxite, carbone e uranio sono solo alcune delle ricchezze che le nazioni industrializzate, senza scrupolo alcuno, depredano al continente nero a suon di bombe e corruzione di accondiscendenti dittatori africani. Affinché questi orrori granguignoleschi perdurino, occorrono tre cose: un Governo potente, un sistema propagandistico che glorifichi le sue decisioni, e un popolo ammansito dallo scaturente condizionamento ideologico perpetratoci surrettiziamente.

In un continente già devastato da estrema povertà, fame, sete e malattie spesso prevenibili, i paesi autoproclamatisi *civilizzati* non solo restano a guardare, ma infieriscono impunemente. Spendiamo triliardi di dollari in armamenti, trivellazione di pozzi petroliferi, ma non abbiamo denaro sufficiente per scavare pozzi d'acqua per garantire i loro bisogni primari. Menti brillanti hanno inventato dei pannelli fotovoltaici in grado di depurare e desalinizzare l'acqua del mare a costi relativamente bassi. Con l'utilizzo di questi pannelli saremmo in grado di sfamare e dissetare il popolo africano e chiunque sia nella medesima situazione. Tuttavia, ciò non apporterebbe alcun guadagno nelle casse dei paesi sovrani. Inoltre, se l'Africa uscisse dalla povertà, lo status quo che ci permette di sfruttarne le risorse energetiche crollerebbe come un castello di carte. Cambiano i nostri bisogni, le materie prime da saccheggiare e la tecnologia bellica, ma l'Olocausto africano continua senza sosta e nella più completa indifferenza.

Ed ecco svelata l'accezione insita della strofa "What about africans?", ("Che ne è stato degli africani?"), ecco cosa Michael Jackson ci comunica davvero con un'elementare frase: se sterminassimo tutti gli africani, tutti **noi**, **loro** discendenti, avremmo fallito!

Il Gospel di risposta acquisisce, in questo passaggio, un significato ancor più nobile: "What about **us**?", ("Che ne è stato di **noi**?"); che ne sarà dell'intera umanità se abbiamo avuto il coraggio di massacrare l'etnia progenitrice di tutti quanti **noi**? Probabilmente, intontiti dalla machiavellica routine consumistica nella quale siamo ingabbiati e che definiamo erroneamente *libertà*, continueremmo a vivere come se nulla fosse, incuranti del ricevere quel perdono che, in ogni caso, non meriteremmo.

In un crescendo sonoro paragonabile ad un terremoto di forte intensità, ci si aspetterebbe, a questo punto, un'avvio verso il finale. E invece, la Terra trema ad oltranza con maggior collera. Essa non si accontenta dei nostri corpi, vuole scuotere le nostre coscienze. Esige quell'attenzione che codardamente ci siamo sempre ben guardati dal darle. I toni si fanno più incalzanti, rabbiosi, ma lungi è la canzone dal terminare. La Terra ha ancora qualcosa da dirci e Michael lo esclama con vigore: "I ain't even through!", "Non ho ancora finito!"

"What about **nature's worth**? It's our **planet's womb**!" ("Che ne è stato del **valore della natura**? È il **grembo del nostro pianeta**!): sputereste mai sul pavimento della vostra casa? Distruggereste vetri, mobili e suppellettili solo per diletto? Spargereste sostanze tossiche e rifiuti per tutta l'abitazione? La risposta, ovviamente, è: "No!" Perché no? Il motivo è semplice: in questa casa ci abitiamo. Ora, pensiamo più in grande osservando la Terra da una prospettiva più ampia: dallo spazio, per esempio, Essa apparirà come una meravigliosa sfera blu e verde che fluttua nell'Universo. Una visione così maestosa non può che farci sentire minuscoli come batteri. D'improvviso, l'autoproclamato status di padroni del mondo è nullificato. La verità si dissipa luminosa nel buio Universo stellato: siamo solo ospiti di passaggio e la Terra è la nostra casa, dobbiamo prendercene cura. Guardatela da questo punto di vista; è come se ci trovassimo su un'immensa nave cosmica: alcuni viaggiano in prima classe, altri in seconda e altri ancora in terza, ma se la nave subisse delle avarie, **tutti** ne pagheremmo le conseguenze.

"What about **animals**? Turned kingdom **to dust**" ("Che ne è stato degli **animali**? Abbiamo **polverizzato** il loro regno!"): gli habitat naturali, le dimore ambientali nelle quali gli animali albergano con pieno diritto di viverci vengono spazzati via a ritmi da capogiro. Secondo la FAO (L'Organizzazione delle Nazioni Unite per l'alimentazione e l'agricoltura), negli ultimi 10 anni, ogni singolo anno, sono stati distrutti mediamente 13 milioni di ettari di foreste, vale a dire una superficie pari a quella della Grecia. Attualmente, secondo l'IPBES (Intergovernmental Science-Policy Platform on Biodiversity and Ecosystem Services), meno del 25% della superficie terrestre è ancora in condizioni naturali e, continuando con gli attuali andamenti di sfruttamento del suolo, nel 2050 la percentuale scenderà al 10%! Ma la deforestazione non è l'unico problema per gli ospiti non umani del nostro pianeta: inquinamento, bracconaggio e cambiamenti climatici stanno minacciando la vita di migliaia di specie, come conferma l'UCN (International Union for Conservation of Nature), che ogni anno diffonde la *Lista Rossa* degli animali a rischio estinzione. Quotidianamente, stima il WWF, circa 50 specie scompaiono dalla facca della Terra e, per un buon numero di queste, la colpa è soprattutto nostra. Gli allevamenti intensivi, il commercio di pelli, pellicce e avorio non sono che ulteriori prove della cattiveria umana verso gli animali. E se pensiamo che il problema non ci riguardi, è obbligatorio ribadire che tutto è collegato in un grande cerchio vitale.

Questi paradigmi aiuteranno a comprendere propriamente il concetto di **cerchio vitale**:

- Nel 2006, scienziati e biologi dell'Università del Maryland iniziarono a condurre un sondaggio volto a monitorare lo stato di salute della **api**. Il risultato del biennio 2019/2020 è il più allarmante in assoluto: il numero di questi preziosi insetti è diminuito drasticamente del 43% a causa dei cambiamenti climatici, dell'inquinamento, dell'uso smodato di diserbanti e concimi chimici, nonché dall'inquinamento elettromagnetico. Scienziati e biologi sanno bene quanto esse siano importanti per l'agricoltura e l'ambiente in generale. Attraverso l'impollinazione, infatti, le api permettono la sopravvivenza e la proliferazione di moltissime piante, fiori, frutti e ortaggi.

- I **pipistrelli** sono dei veri e propri insetticidi naturali, poiché si nutrono di moltissimi insetti dannosi e infestanti per l'agricoltura, permettendo il contenimento del numero degli stessi affinché le coltivazioni non vengano compromesse. Inoltre, come le api, spargono pollini e semi concimando i terreni che proliferano di natura nuova.

- I **primati** si diversificano in oltre 400 specie. La loro alimentazione, composta prevalentemente da frutta e verdura, fa sì che il guano, ricco di semi, concimi il terreno, in modo da far crescere alberi e piante da frutta anche in zone peculiari come le foreste pluviali.

- Scavando, le **formiche** stoccano rifiuti biologici, trasportano semi, favorendo così una coltivazione diretta. Notoriamente, questi laboriosi insetti si nutrono di altri insetti e animali morti, fungendo per l'ambiente come spazzini naturali.

- Se le piante sono fondamentali per la nostra alimentazione e la produzione di ossigeno, il **plancton** svolge il compito di produrre metà (!) dell'ossigeno presente sia sulla terra ferma che nei mari. La vita di molte specie acquatiche dipende dal plancton, e l'ossigeno prodotto da questo insieme di organismi animali e vegetali è immensamente prezioso anche per l'uomo.

Si potrebbe andare avanti per ore ad elencare gli animali essenziali al ciclo vitale del nostro pianeta, ma i pochi esempi riportati sopra rendono bene l'idea. A dare manforte al concetto di **ciclo vitale** e a rimarcare quanto l'uomo, uccidendo gli animali, stia mettendo in pericolo anche sé stesso, ci pensano i rapporti stilati dalla Zoological Society of London, dal WWF e dall'Università canadese internazionale Dalhousie.

Il Living Planet Index (LPI), fornito dalla Zoological Society of London (ZSL), mostra un altro dato sconvolgente: tra il 1970 e il 2016, il numero di animali selvatici vertebrati è diminuito del 68%! E se pensiamo che oggi le cose stiano andando meglio, il WWF ci riporta nella triste realtà con il medesimo Rapporto aggiornato al 2020: "Le specie in via di estinzione analizzate nella LPI includono il gorilla di pianura orientale, il cui numero nel Parco Nazionale Kahuzi-Biega (Repubblica Democratica del Congo) ha visto un calo stimato dell'87%, tra il 1994 e il 2015, e ciò è dovuto principalmente alla caccia illegale. Altra specie devastata è quella del pappagallo cenerino che vive in Ghana sud-occidentale, il cui numero è diminuito, tra il 1992 e il 2014, del 99%! Le cause sono principalmente due: le trappole usate per la loro cattura e il conseguente commercio di uccelli selvatici, e la perdita dei loro habitat naturali. La popolazione riproduttiva dello storione cinese nel fiume Yangtze, in Cina, è diminuita del 97%, tra il 1982 e il 2015, a causa dello sbarramento del corso d'acqua per mano dell'uomo. L'LPI, che ha monitorato quasi 21.000 popolazioni di oltre 4.000 specie di vertebrati tra il 1970 e il 2016, mostra anche che le popolazioni di fauna selvatica che si trovano negli habitat di acqua dolce hanno subìto un calo dell'84%, il calo medio della popolazione più netto tra tutti i bioma, equivalente al 4% all'anno dal 1970."

La Dalhousie Universtity, infine, ci rammenta che il prezioso plancton diminuisce gradualmente dell'1% all'anno. Ciò è dovuto, in primis, all'inquinamento che inacidisce il PH delle acque dolci e salate di tutto il globo.

Questi dati non sono che alcuni modelli su, di fatto, migliaia. Prove alla mano, non vi è dubbio alcuno che Michael Jackson, nella sua visione catastrofica raffigurata musicalmente in *Earth Song*, scrisse il testo con assoluta cognizione di causa.

"What about **elephants**? / Have we lost their **trust**" ("Che ne è stato degli **elefanti**? / Abbiamo perso la loro **fiducia**"): gli elefanti sono, per antonomasia, gli animali dalla grande memoria, grande quanto la loro stazza. Essi ricordano ogni membro del proprio clan e tutte quelle creature che lasciano loro un ricordo significativo. Tra questi c'è l'uomo che per secoli li ha cacciati e uccisi per il prezioso avorio. No, non hanno dimenticato ciò che gli abbiamo fatto, e noi abbiamo meritatamente perso la loro fiducia.

"What about **crying whales**? / Ravaging the **seas**!" ("Che ne è stato delle **balene piangenti**? / Stiamo devastando i **mari**!"): la caccia alle balene è stata ufficialmente bandita nel 1986, merito degli accorati appelli di Greenpeace, WWF e numerosi scienziati. Tuttavia, Norvegia, Giappone e Islanda non hanno prestato fede ai patti internazionali e da allora oltre 40.000 cetacei sono stati arpionati e brutalmente uccisi da sole tre nazioni. Gli avvisi erano chiari: se la caccia non si ferma, la totale estinzione dei più grandi mammiferi terrestri si concretizzerà in un futuro non molto lontano; è una certezza inconfutabile. Mentre l'Islanda, dal 2020, ha posto fine alla mattanza delle balene, Giappone e Norvegia hanno continuato imperterrite a cacciarle, nella più totale noncuranza delle leggi. Ma non solo le balene sono a rischio estinzione: ogni anno, più di 300.000 tra balene, delfini e focene rimangono impigliati nelle grandi reti da pesca morendo tra atroci agonie. Per quale motivo scienziati e ambientalisti sono tanto preoccupati per la sorte delle balene? La loro importanza è fondamentale per il mantenimento degli equilibri dell'ecosistema planetario. Questi grandi animali, infatti, sono in grado di assorbire il 40% dell'anidride carbonica dispersa nell'atmosfera dall'uomo, al pari di 1.700 miliardi di alberi, ossia l'equivalente di 4 foreste amazzoniche. Inoltre, uno studio condotto nel 2010 dall'Australian Antarctic Division individuò nelle feci delle balene un rimedio al riscaldamento globale, poiché favoriscono la proliferazione di fitoplancton, mitigando l'inquinamento oceanico.

- "Su Marte cerchiamo i batteri, sulla Terra stiamo sterminando le balene" – Michael Richter

"What about **forest trails**? / **Burnt**, despite our pleas!" ("Che ne è stato dei **sentieri forestali**? / **Bruciati**, nonostante le nostre suppliche!"): lo stesso sentiero alberato che Michael ci ha indicato ad inizio Gospel è ora in fiamme nonostante le nostre suppliche, le nostre proteste e gli appelli di migliaia di ambientalisti e scienziati. Gli stessi scienziati che riportano dati a dir poco allarmanti: nel 2019 sono andati in fumo circa 12 milioni di ettari di Amazzonia, 27.000 del Bacino del Congo, oltre 8 milioni nell'Artico, e 328.000 tra foreste e altri habitat in Indonesia. Gli incendi che hanno colpito l'Australia tra il 2019 e il 2020 sono stati capaci di devastare un'area di quasi 12 milioni di ettari. Un quinto delle foreste australiane, dopo 240 giorni ininterrotti di fiamme, è andato perduto. Gli animali che hanno trovato la morte in questo inferno sulla Terra sono oltre 3 miliardi: 143 milioni di mammiferi, 2,46 miliardi di rettili, 180 milioni di uccelli e 51 milioni di anfibi. Anche in questo caso è colpa dell'essere umano? Le cause sono sempre le stesse ed è doveroso ricordare il ciclo - stavolta - mortale innescato dall'uomo: inquinamento + aumento delle temperature + siccità = fuoco.

Come l'agente Smith nel film *Matrix*, ho avuto anche io una brillante intuizione mentre scrivevo questa recensione: "Nel caso degli animali, l'evidenza dei fatti, oggettivamente, deve portarci a parlare di ciclo vitale; nel caso dell'uomo, invece, ci troviamo dinnanzi ad un immenso, vizioso e perverso **ciclo mortale**".

Un'altra citazione fungente da brillante intuizione, stavolta presa dal film (e dai libri di Tolkien) *Il Signore degli Anelli: Le Due Torri*, è doveroso menzionare, poiché perfettamente calzante con l'opera magna di Michael Jackson. Saruman, lo stregone bianco, ormai succube accondiscendente dell'occhio di Sauron, pronuncia le seguenti parole: «Il mondo sta cambiando. Chi, ora, ha la forza di opporsi agli eserciti di Isengard e di Mordor? Di opporsi al potere di Sauron e di Saruman, e all'unione delle due Torri? Insieme, mio signore Sauron, regneremo su questa Terra di Mezzo. Il Vecchio Mondo brucerà tra le fiamme dell'industria. Le foreste cadranno. Un nuovo ordine sorgerà. Guideremo la macchina della guerra con la spada, la lancia e il pugno di ferro degli Orchi. Dobbiamo solo rimuovere coloro che si oppongono a noi».

John Ronald Reuel Tolkien scrisse i libri de *Il Signore degli Anelli* tra il 1937 e il 1949, quando ancora il capitalismo non era imperante agli odierni livelli dissennati. Eppure, in quanto a lungimiranza e illuminazione intellettuale, lo scrittore britannico ha molto da spartire con il cantante americano.

GOSPEL: ATTO SECONDO

Il crescendo musicale, come summenzionato, sembra non conoscere limiti in *Earth Song*. Il Gospel, difatti, è suddiviso in due parti. L'inizio della seconda fase è rafforzato dagli stessi accordi del ritornello suonati con impeto dagli strumenti a fiato. Dopo il cambio tonalità in SI Bemolle Minore, gli accordi diventano i seguenti: SI Bemolle Minore, MI Bemolle, SI Bemolle Minore in Settima, MI Bemolle; SI Bemolle Minore, MI Bemolle, SI Bemolle Minore in Settima, MI Bemolle; l'accordo conclusivo è un FA. Prestando attenzione, li potrete sentire limpidamente allo scoccar della strofa "What about the Holy Land?", per intensificarsi nella strofa successiva "What about the common man?", in un gioco di mixaggio sonoro davvero magistrale.

Una potenza sonica di dimensioni bibliche e imperialmente effettiva incrementa la teatralità e la drammaticità del testo che, da questo punto, risembra l'avvertimento di un'imminente Apocalisse:

"Che ne è stato della Terra Santa? (Che dire di questo?)
Distrutta dal Credo! (Che ne è stato di noi?)
Che ne è stato dell'uomo comune? (Che ne è stato di noi?)
Non possiamo liberarli? (Che ne è stato di noi?)
Che dire dei bambini che muoiono? (Che dire di noi?)
Non li senti piangere? (Che ne è stato di noi?)
Dov'è che abbiamo sbagliato? (Oooh)
Qualcuno mi dica il perché! (Che ne è stato di noi?)
Che ne è stato del neonato? (Che dire di questo?)

Che ne è stato dei giorni? (Che ne è stato di noi?)
Che ne è stato di tutta la loro gioia? (Che ne è stato di noi?)
Che ne è stato dell'uomo? (Che ne è stato di noi?)
Che ne è stato dell'uomo in lacrime? (Che ne è stato di noi?)
Che ne è stato di Abramo? (Che ne è stato di noi?)
Che dire della continua morte? (Oooh)
Ce ne frega qualcosa?!"

"What about the **Holy Land**? / Torn apart by **creed**!" ("Che ne è stato della **Terra Santa**? / Distrutta dal **Credo**!"): il conflitto bellico tra Israele e Palestina perdura senza sosta da oltre 70 anni. Eppure, nessuno dei due popoli è ancora riuscito a determinare e imporre al nemico quale Dio sia migliore e quale religione sia più giusta. Le guerre per la religione sono quanto di più paradossale l'uomo abbia mai concepito. Uccidere altri esseri umani andando contro la parola di Dio. Ma quale Dio, ammessa la Sua esistenza, permetterebbe spargimenti di sangue in Suo nome?
Dio non è morte! Dio è vita!
Dio non uccide! Dio crea!
Dio non rappresenta il male! Dio rappresenta il bene!

I più grandi paradossi umani circa le religioni si possono riassumere in tre punti:

1 - Se la Bibbia è la parola di Dio, perché l'uomo ne modifica i contenuti a suo piacimento?
Da non confondersi con le traduzioni del testo sacro, le quali, per ovvie ragioni, sono state modificate in base alle

conoscenze linguistiche acquisite negli anni. Per contenuti si intendono quelle parti rettificate a seconda del Credo.

La Bibbia cattolica, de facto, differisce da quella protestante. Non pochi passaggi, invero, furono cambiati e addirittura eliminati per entrare nei parametri - definiamoli così - dei protestanti.

2 - Se Dio permette la vita eterna, perché sta a noi decidere quando togliere quella terrena ai nostri simili? La verità è che quella umana è una specie incline all'autodistruzione e la parola di Dio ha valenza solo quando fa comodo: per giustificare massacri, ad esempio. Il che ci porta al terzo punto.

3 - Uno dei cavalli di battaglia degli atei più convinti è che in nome di Dio siano stati compiuti più genocidi che per qualsiasi altra ragione. Non si può dar loro torto, ma si può argomentare asserendo che la religione suoni più come una scusante per conquistare terre e razziare risorse naturali; una scusante politica sotto copertura, insomma.

La guerra in Terra Santa, così come tutti gli altri conflitti bellici combattuti con i testi sacri in mano, nulla hanno a che fare con la religione. Dio non c'entra affatto. Lui non ha certo bisogno di denaro, terre e risorse naturali, a differenza... dell'uomo.

"What about the **common man**? / Can't we set them **free**?" ("Che ne è stato dell'**uomo comune**? / Non possiamo **liberarli**?"): Michael fa un limpido riferimento all'uomo comune, in particolare all'uomo occidentale schiavizzato dal capitalismo. Egli pronuncia cripticamente una frase tanto semplice quanto eloquente: "Non possiamo rompere queste catene consumistiche che ci opprimono?" Ottima domanda, poiché solo una volta liberati da esse avremmo la cognizione di aiutarci a vicenda, abbattendo la competizione - carburante del capitalismo - in favore della cooperazione. Solo una volta disintossicati dall'oppiaceo consumismo la nostra mente diraderà questa asfissiante nebbia, così da poter prendere piena coscienza di ciò e di chi ci circonda, e averne davvero cura.

"La dittatura perfetta avrà sembianza di democrazia. Una Prigione senza muri nella quale i prigionieri non sogneranno di fuggire. Un sistema di schiavitù dove, grazie al consumo e al divertimento, gli schiavi ameranno la loro schiavitù".

Autore di questa breve ma significativa riflessione fu lo scrittore britannico Aldous Leonard Huxley (Godalming, 26 luglio 1894 – Los Angeles, 22 novembre 1963). In un discorso tenuto nel 1961 alla California Medical School di San Francisco, Huxley enunciò queste illuminanti parole: «Ci sarà, in una delle prossime generazioni, un metodo farmacologico per far amare alle persone la loro condizione di servi e quindi produrre dittature, come dire, senza lacrime; una sorta di campo di concentramento indolore per intere società in cui le persone saranno private, di fatto, delle loro libertà, ma ne saranno piuttosto felici».

Riflessione inattaccabile.

"What about **children dying**? / Can't you hear them **cry**?" ("Che dire dei **bambini che muoiono**? / Non li senti **piangere**?"): lo sentite il pianto di questi bambini? O sentite solo il pianto dei vostri figli viziati che frignano per uno Smartphone nuovo?

I dati ufficiali, talvolta, fanno riflettere maggiormente delle parole scritte da una persona qualsiasi. Lascerò quindi che sia l'Unicef a fornirceli: "Ogni 5 secondi un bambino muore da qualche parte nel mondo. Ogni 13 secondi un neonato muore nel primo mese di vita. Sono notizie tragiche che, purtroppo, fanno poco scalpore. Molte di queste vite possono essere salvate: polmonite, diarrea e malaria sono responsabili di quasi 1/3 delle morti sotto i 5 anni, mentre i decessi neonatali avvengono soprattutto a causa di nascite premature e complicazioni durante il travaglio e il parto. Tutte cause facilmente prevenibili e curabili che l'accesso inadeguato a un'assistenza sanitaria di qualità e ad aiuti salvavita rende impraticabili in molti paesi. L'ambiente, i cambiamenti demografici e l'insicurezza causata da disastri naturali, guerre e conflitti giocano un ruolo altrettanto importante per la salute di bambini e ragazzi. Oltre 1 bambino su 4 muore prima del quinto compleanno a causa di un ambiente malsano, con inquinamento atmosferico, rifiuti chimici e scarti di materiali elettrici. Nei paesi colpiti da catastrofi ed emergenze umanitarie i rischi per la salute aumentano notevolmente, con servizi sanitari spesso inesistenti o inaccessibili, neonati, bambini, adolescenti e madri vivono in serio pericolo. Gli adolescenti sono più esposti a incidenti, infortuni e gravidanze non volute e soffrono maggiormente le ripercussioni fisiche, mentali ed economiche di HIV e AIDS e malattie croniche."

Adesso... Lo sentite il pianto di questi bambini?

"Where did we go wrong? / Someone tell me why!" (**"Dov'è che abbiamo sbagliato? / Qualcuno mi dica il perché!"**: "Dove **non** abbiamo sbagliato?" sarebbe il giusto quesito da porsi. Formulare la risposta risulterebbe anche di una facilità disarmante: "Non esiste giurisdizione nella quale noi non abbiamo commesso errori macchiati di sangue; nessuna!"

Ad elencare le nostre colpe - lista perpetuamente in aggiornamento - ci hanno pensato un numero spropositato di persone che, per millenni, si sono prodigate a scrivere milioni di libri circa i nostri peccatucci. Quale persona parecchio acculturata - e non naïve come molti credono -, Michael questo lo sapeva bene. Motivo per cui la sua replica urlata a pieni polmoni evidenzia la retorica della domanda.

In questo segmento, ad un orecchio clinico non saranno sfuggiti i due battiti di mani al minuto 5:34. Ascoltando la demo del 1990, precisamente al minuto 5:33, se ne sentono ben cinque. Questi clap appartengono allo stesso Jackson.
Come accadde in altre occasioni (registrando *Black or White* e *Whatever Happens*, per citarne un paio), MJ si lasciò travolgere dal testo e dalla musica e, in un impeto di arco riflesso, batté le mani a ritmo. Il microfono, logicamente, catturò la magia.

Nel prodotto finale datato 1995, Jackson e Swedien decisero di lasciarli, dando risalto ai due clap succitati. Il motivo di questa decisione è semplice: suonano bene ed enfatizzano la concitazione interpretativa del Re del Pop. In questo caso, non c'è nulla di... sbagliato.

"What about **baby boy**? / What about the **days**? / What about all their **joy**?" (Che ne è stato del **neonato**? / Che ne è stato dei **giorni**? / Che ne è stato di tutta la loro **gioia**?"): quando viene al mondo, ogni essere umano ha il sacrosanto diritto ad una vita dignitosa, nel corso della quale coltivare le proprie esperienze, crescere in un luogo sicuro e, possibilmente, in sintonia con la natura. Tutti abbiamo gli stessi diritti... O almeno, questo è scritto in centinaia di costituzioni di altrettante nazioni nel mondo. La verità dei fatti, tuttavia, è molto diversa, purtroppo: se un **bambino** nasce in una zona di guerra e nazioni ingorde di potere pianificano di sganciare sulla sua testa bombe *intelligenti*, a quella piccola creatura innocente, senza alcuna macchia né colpa, verrà tolto il diritto di vivere, crescere e **giore** dei **giorni**... L'immoralità genera altra immoralità, e se ancora oggi non vengono tutelati i bambini come specie protetta, allora, il futuro di tutti sarà avvolto dall'oscurità.

"What about the **man**? / What about the **crying man**?" (Che ne è stato dell'**uomo**? / Che ne è stato dell'**uomo in lacrime**?": suddette strofe, a prima vista scontate, richiedono un piccolo capitolo a sé stante nelle considerazioni finali...

"What about **Abraham**?" ("Che ne è stato di **Abramo**?"): seconda citazione dei testi sacri in *Earth Song*, stavolta dal *Libro della Genesi*. La citazione è altamente simbolica, in quanto - secondo la Genesi - Abramo è il patriarca dell'Ebraismo, dell'Islam e del Cristianesimo, ovvero le tre religioni più praticate al mondo, oltre all'Induismo. Michael, quando fa riferimento al profeta Abramo e alla Terra promessa che lui aveva pattuito con i suoi discendenti, allude alla Terra che Dio ha donato noi, ma che con egoismo estremo diamo per scontata, maltrattandola come se tutto ciò ci fosse dovuto. Tre religioni tirate in ballo per sottolineare quanto le nostre differenze di Credo abbiano un grande punto in comune: Abramo, appunto. Per evidenziare quanto noi, nonostante le nostre diversità, siamo tutti accomunati da molte più cose che i nostri occhi riescano a vedere e cogliere: stessi patriarchi religiosi, stesso colore del sangue, stesso pianeta casa, stesse emozioni, stesso destino mortale... Sotto la superficie di apparenza, oltre il velo a buon mercato fabbricato in Cina, vendutoci dal costrutto capitalistico, siamo tutti uguali.

"What about **death again**? / **Do we give a damn?!**" (Che dire della **continua morte**? / **Ce ne frega qualcosa?!**"): ogni 5 secondi, un essere umano muore di fame. In 24 ore sono oltre 25.000 decessi. In un anno periscono circa 190.000 persone sui terreni di guerra; molti di loro sono civili inermi. Quasi un terzo della popolazione mondiale, ossia 2,5 miliardi di individui, non ha adeguato accesso all'acqua potabile. Il prezioso liquido che a **noi** è consigliato berne 1,5/2 litri quotidianamente, per **loro** è impuro, infetto, tossico, spesso letale. Ogni anno, i virus che brulicano nella **loro** acqua provocano la morte di quasi un milione e trecentomila persone. Di questi, 495.000 sono bambini sotto i 5 anni.

Più ci si addentra in questi dati, più si scopre che la totalità di **loro** è facilmente curabile grazie a medicinali per **noi** reperibili in qualsiasi farmacia e ospedale. Più ci si addentra in questi dati, più si scopre che la totalità di **loro** è facilmente salvabile, se **noi** smettessimo di ucciderli con armi sempre più sofisticate e dispendiose. Se i triliardi di dollari impegati nel campo militare fossero spesi per dar loro cibo, infrastrutture, medicinali, reti idriche, istruzione, vivremmo in un mondo migliore, e tutti assieme potremmo unire le nostre conoscenze e forze per debellare le malattie, combattere concretamente i problemi sociali, ambientali e vivere felici, più a lungo. A quel punto, potremmo definirci davvero una forma di vita intelligente. Non ci resterà dunque che costruire navi spaziali capaci di viaggiare verso nuovi orizzonti del nostro sconfinato Universo, valicando l'ultimo vero limite della razza umana: la ricerca di altre forme di vita intelligenti, almeno quanto **noi**. Questo sarebbe vero progresso! Ma mi rendo conto di quanto lo status quo capitalistico sia ben radicato da secoli e quanto il denaro conti più di qualsiasi essere vivente e pensiero progressista/utopistico.

La lista di uomini, donne e bambini che perdono la vita in modi del tutto eludibili sarebbe troppo lunga per essere contenuta in un solo libro. È forse meglio girarsi dall'altra parte facendo finta di nulla, dando per scontato il motto *così vanno le cose*? Non c'è neanche bisogno di domandarlo in maniera retorica, dal momento che lo facciamo già impunemente. Perché le **loro** vite valgono meno delle **nostre**? Cosa ci rende tanto speciali? Siamo per caso degli eletti? No! Non siamo nessuna delle due cose. Più che altro, siamo solo fortunati a non essere nati nel posto sbagliato. Come già spiegato sopra, molte delle ricchezze che fanno girare intere economie dei nostri paesi provengono proprio da quelle nazioni povere, depredate di tutto il depredabile per il volere di avidi uomini d'affari, con il tacito consenso di politicanti ipocriti. Nel frattempo, avvolti nella bambagia consumistica... Ce ne frega qualcosa?

"Aaaaaaaaaah (**Oh! Oh! Oh!**), (**Oh!**) Eeeooooooooh (**Oh! Oh! Oh!**), (**Oh!**) Aaaaaaaaaah (**Oh! Oh! Oh!**), (**Oh!**) Ooooooooooh": Steve Ferrone picchia le sue bacchette sui Tom-Tom della batteria, segue un deciso colpo sul rullante, uno sui piatti e poi un fervente colpo di rullante, grancassa e piatti in simultanea, precedendo il pianto di Madre Terra che può così irrompere con tutta la sua forza, sfociando in un guaito impetuoso, accorpando a sé tutto il colossale comparto sonico di *Earth Song*. Poderosamente enfatizzante, in questo segmento, è l'orchestra di Bill Ross.

Gli strumenti ad arco risuonano sontuosi come una sinfonia ultraterrena nella quale Dio è il direttore d'orchestra e gli arcangeli i musicisti. Gli ottoni fungono da potenziatori sonori illuminando il pathos già di per sé esorbitante, trasmettendo al basso intestino sensazioni straordinariamente emozionanti che salgono dritte al cuore e subito dopo in gola, ove un groppone si forma... Da qui ai dotti lacrimali manca solo un piccolo passo. La potenza del climax finale è volumetricamente incontenibile!

E Michael rincara la dose esclamando con urli decisi e magestici la sua frustrazione, la sua rabbia di fronte a tutte le ingiustizie del mondo: "Oh! Oh! Oh! Oh! Oh! Oh! Oh! Oh! Oh! Oh! Oh! Oh!"

Ora si può immaginare cosa spaziasse nella sua testa quando entrò in cabina di registrazione convinto di dare al grande pubblico la sua miglior performance vocale: la visione di quel male accumulato assieme. Ecco, plausibilmente, cosa diede lui modo di raggiungere picchi vocali così vividi, suggestivi e viscerali.

I cori echeggiano imponenti brillando di luce propria, plasmandosi a livello molecolare con gli urli di Michael. Uno è l'estensione dell'altro ed entrambi ci spronano, strattonando sensorialmente le nostre coscienze, ad attuare quel cambiamento di cui il mondo ha un bisogno disperato. Ognuno di questi *Oh!* dipinge sul pentagramma un punto esclamativo continuativo della strofa conclusiva: "Do we give a damn?!!!!!!!!!!!!!" - "Ce ne frega qualcosa?!!!!!!!!!!!!!" Per 12 volte Michael sgola come un ossesso, rimarcando il nostro più completo menefreghismo dinnanzi ai grandi guai che imperversano su Madre Terra, i quali ci vedono fautori, colpevoli, rei confessi e fieri di esserlo.

Se è vero che un'immagine dice più di mille parole, allora, altra onorevole menzione merita lo Short-Film: al minuto 6:15, il sapiente montaggio video fa apparire le foche come se stessero intonando il ritornello... Sublime e somma decifrazione del messaggio di *Earth Song*!

La domanda, a brano concluso e fatte le dovute, prolisse riflessioni, assume un più alto significato: "Ce ne frega qualcosa?" A **noi** l'ardua sentenza...

CONSIDERAZIONI FINALI: LA CALMA DOPO LA TEMPESTA

- "Tutte le verità passano attraverso tre stadi. Primo: vengono ridicolizzate; secondo: vengono violentemente contestate; terzo: vengono accettate dandole come evidenti" – Arthur Schopenhauer

- "Michael Jackson era chiaramente un uomo in anticipo sul suo tempo e, forse, fuori sincronia con esso, non per colpa sua. La sua saggezza cadde spesso su orecchie sorde, perché ha offerto grandi pensieri a piccole menti" – Chris Kohler

Michael Jackson, più di un quarto di secolo fa, incurante delle infamanti accuse a lui rivolte e del circo mediatico che ne seguì, non perse il suo spirito altruistico e ci donò il più imponente e toccante monito ambientalista/umanitario mai trascritto su pentagramma. Ma anziché prestargli ascolto, abbiamo preferito concentrarci sul colore della sua pelle sempre più sbiadito, sulle operazioni di chirurgia plastica, sulle sue stranezze... Come se noi ne fossimo esenti. Abbiamo preferito credere che fosse un molestatore di bambini, quando i bambini, lui, li aiutava.
È stato più comodo giudicarlo passivamente. Gioire quando l'eroe si innalzava su vette inesplorate da qualsiasi altro artista. E gioire sarcasticamente quando l'eroe, dagli anni 2000, cadeva inesorabilmente.

Nel primo film della trilogia di *Spider-Man*, diretta da Sam Raimi, il Goblin esprime un concetto assai profondo che ben si lega alla figura di Michael Jackson: «Io ho scelto la mia strada, tu [Spider-Man – N.d.r.] hai scelto il cammino dell'eroe. E ti ha trovato divertente, per un po', la gente di questa città. Ma l'unica cosa che la gente ama più di un eroe è il vedere l'eroe fallire, cadere, morire combattendo. Nonostante tutto quello che hai fatto per loro, alla fine ti odieranno».

Le similarità tra summenzionata citazione e le vicissitudini esperenziali di Michael Jackson risultano perfino inquietanti, tanto sono lapalissiane. L'escalation di notorietà, per il Re del Pop, non sembrava conoscere tramonto. Egli non solo divenne la più grande superstar musicale di ogni tempo, ma sfruttò quella fama per farsi portavoce mondiale di pace, uguaglianza, beneficenza e ambientalismo. E quando questi aspetti si forgiarono alla sua immagine come ulteriori e prominenti marchi di fabbrica, coincidentalmente un infido processo mediatico volto a disumanizzare l'uomo, prima della star, ebbe inizio.

La disumanizzazione fu il primo grande passo per mezzo di cui screditare tutto ciò che la persona/superstar proclamava al grande pubblico, inscindibilmente da quale dei due fosse il portavoce del comunicato.

"Michael Jackson è un molestatore di bambini!", titolavano i giornali. Tradotto: "Non potete dare credito alle parole di un pedofilo!"

"Michael Jackson si sbianca la pelle perché odia essere di colore!" = "Non potete dare credito alle parole di un razzista!"

"Michael Jackson è stato dichiarato 'Non colpevole', ma questo non significa che sia innocente!" = "Non importa quante volte dimostrerà la sua innocenza, noi giornalisti lo condanneremo ugualmente, e voi dovete continuare a non dare credito ai suoi messaggi!"

Suddetto processo di disumanizzazione è stato perpetrato per decenni, anche dopo la sua morte, ininterrottamente. Ogni anno, infatti, a ridosso del 25 giugno e del 29 agosto, i media sguinzagliano tutta la loro miseria e cospargono quanto più sudiciume possibile sulla sua irrequieta tomba.
Non c'è da stupirsi, dunque, se milioni di persone sono estremamente convinte del fatto che Michael Jackson sia stato un individuo orribile. Ed ecco che i suoi tanti messaggi di pace e amore vengono gambizzati, perdendo una gran fetta di pubblico il quale non gli presterà alcuna attenzione, vista la fonte di provenienza. *Earth Song* non fa eccezione, nonostante la sua obbiettiva potenza audiovisiva, poiché rimane tuttora un monito inascoltato per una percentuale troppo alta di persone. L'ultima canzone che il Re del Pop cantò, durante le prove per il *This Is It Tour*, fu proprio *Earth Song*... Michael Jackson, in un certo senso, è morto combattendo per ciò in cui credeva, e molti hanno finito per odiarlo.

Ma facciamo un passo indietro al 27 novembre 1995, data di pubblicazione del singolo in questione. Prima di questo giorno, numerose canzoni contenenti tematiche sociopolitiche erano state pubblicate: Bob Dylan, Bruce Springsteen, John Lennon, Pink Floyd, The Clash, Public

Enemy, Rage Against the Machine e molti altri avevano già proposto brani di protesta, e sebbene alcuni dei loro testi fossero diretti, scomodi e rabbiosi, rientravano sotto certi standard rassicuranti per le orecchie dei dirigenti delle major discografiche. Un esempio lampante è dato proprio dai Rage Against the Machine.

Nel brano *Killing in the Name*, il testo recita parole oltremodo dirette, scomode e rabbiose: "Fuck you! I won't do what you tell me! Motherfucker!" ("Fanculo! Non farò ciò che mi dici! Figlio di puttana!"). Ma come, Zack de la Rocha dice letteralmente all'uomo di potere di andare a farsi fottere, dandogli persino del figlio di puttana con tono super incazzato, e secondo i dirigenti della Epic Records il brano rientrava tranquillamente nella norma? Allora quale sarebbe il requisito cardine che garantirebbe sovrammenzionati standard rassicuranti? Semplice: colui che espone il messaggio.

Parafraserò le parole del Joker interpretato dal compianto Heath Ledger nella pellicola *Il Cavaliere Oscuro*: «Ho notato che nessuno entra nel panico quando le cose vanno secondo i piani. Anche se i piani sono scomodi a qualcuno. Se domani dico alla stampa che i Rage Against the Machine pubblicheranno un nuovo album, nessuno va nel panico, perché fa tutto parte del piano. Ma quando dico che Michael Jackson pubblicherà una canzone di protesta, allora tutti perdono la testa! Se introduci un po' di anarchia nel repertorio del cantante di *I Want You Back...* Se stravolgi l'ordine prestabilito, tutto diventa improvvisamente caos».

Se le parole - parafrasate - del Joker suonano un po' troppo sopra le righe, la realtà non è poi così diversa. Perché se a fare il dito medio agli oppressori sono i Rage Against the Machine, i Pink Floyd e John Lennon, per quanto famosi fossero, non potevano certo essere vettori così influenti e scomodi quanto un **Michael Jackson**. Non si tratta di fanatismo, ma di realtà oggettiva: Jackson era la persona più famosa del pianeta e, ancora oggi, nonostante siano passati diversi lustri dalla sua dipartita, rientra comodamente tra le prime cento.

Inoltre, nessuna delle opere degli illustri colleghi può vantare un'effettistica possenza comunicativa al pari di *Earth Song*, neppure con l'aggiunta di parolacce colorite. Sovrapponendoci uno Short-Film visivamente hollywoodiano ed estremamente convincente e toccante, il messaggio, in quanto a potere espressivo, pittoresco e sinestetico, vola su vette impossibili da replicare per chiunque. Innegabilmente, nella storia della musica e dei videoclip, non esiste missiva audiovisiva più impattante di *Earth Song*. Fanatismo sarebbe negare l'evidenza, indipendentemente dai propri gusti musicali.

Prima di allora non si era mai sentita una canzone così... inusuale. Jackson, infatti, raggruppa in 6 minuti e 46 secondi le più grandi nefandezze che l'umanità compie contro sé stessa, la fauna e la flora. Le raccoglie sapientemente in un caleidoscopio sonoro di fatti scomodi che si rivelano con lo scorrere dei secondi, per esplodere, infine, in un solenne Gospel, mettendoci spalle al muro di fronte alla cruda verità. In una singola opera spiattella in faccia misfatti di ogni genere con una tale enfasi nella produzione e nell'interpretazione canora, che nel suo complesso riesce ad incorporare elementi così diversi tra loro, da ricreare in musica le diversità biologiche, geologiche, politiche e storiche del nostro pianeta. *Earth Song* è una coesione di differenti ecosistemi/generi musicali: Pop, Rock, Progressive Pop, Opera, Gospel, Blues, Soul, Power Ballad, World Music, ognuno dei quali si fonde a livello mitocondriale in un unico, opulento e nerboruto corpo sonico pulsante di magnificenza biorganica. *La Canzone della Terra* non poteva essere composta in maniera più sinestetica di così, e Michael Jackson era l'unico cantante in grado di farlo.

I paragoni, in quanto tediosi, debbono essere fatti con parsimonia e consapevolezza. E in questo caso è doveroso fare il lavoro sporco. Prendiamo d'esempio *Imagine* di John Lennon, da molti considerata l'inno alla pace per antonomasia. Melodia, stile musicale e testo sono sicuramente d'effetto, ma rassicuranti, nel loro insieme. La si potrebbe paragonare, obbiettivamente, a *Heal the World* e, forse, a *We Are the World*.
Contro *Man in the Mirror* perderebbe per KO tecnico al pronunciar della strofa "I see the kids in the street with not enough to eat / Who am I to be blind, pretending not to see their needs", figuriamoci contro un portento letterale e acustico come *Earth Song*. Il confronto non si pone nemmeno, giacché l'opera di Lennon verte più a *Immaginare come sarebbe il mondo se...*, mentre quella di Jackson non lascia spazio all'immaginazione. La verità è che viviamo in un mondo di merda - perdonate il francesismo - e MJ non gira attorno a fronzoli da fiaba sdolcinata, mettendo sul piatto quel che nessuno ha

voglia di sentire. Sarà per questa ragione che *Earth Song* non diventerà mai un inno alla pace al pari di *Imagine*: la prima fa riflettere, esortandoci a fare di meglio; la seconda non ci chiede nulla, se non essere ascoltata passivamente mentre aspettiamo - sempre passivamente - che sia qualcun altro a mettere le cose a posto. Il cambiamento costa fatica e sacrifici. L'immaginazione è gratis e non richiede alcuna fatica né sacrificio. Tutti possiamo immaginare un mondo ideale nel quale guerre, fame, disparità, razzismo, violenza, inquinamento, redenzione e dannazione sono parole scritte solo nei libri di storia e religione, ma il **come** arrivare a coesistere in un mondo così è la vera sfida! Il male non scomparirà magicamente dall'oggi al domani immaginando che ciò accada. Occorre agire nell'immediato affinché la situazione migliori progressivamente. Sono proprio i libri di storia a rammentarcelo. Sono i fatti scientifici a dimostrarcelo. Sono le news a rivangarcelo quotidianamente.

Questo paragone non vuole togliere nulla alla splendida *Imagine* dell'ex Beatle, bensì vuole evidenziare l'ipocrisia di base che sta nel metro di giudizio e classificazione dell'importanza delle canzoni umanitarie, proiettate nell'immaginario collettivo - anche - attraverso l'inchiostro. Inchiostro utilizzato da critici musicali che decretano con supponenza quale canzone sia più importante e significativa di un'altra e, successivamente, inserirla negli annali, o per meglio dire, nel *Circolo elitario delle sette note* da essi istituito. Da professionisti, dovrebbero essere quantomeno obbiettivi circa l'enorme valore rappresentativo che *Earth Song* ha per l'intera umanità. Questo pezzo possiede un potere di collisione cognitivo assai più riflessivo e convincente di tutti gli altri brani sociopolitici, ambientalisti e umanitari mai scritti finora: è una certezza matematica.

E certezza matematica è anche il fatto che *Earth Song* incorpori sociopolitica, ambientalismo e umanitarismo in un sol colpo. L'egemonia beatlesiana, la preferenza del Rock sulla Black Music, nonché il massacro mediatico ai danni di Michael Jackson, d'altronde, non sono che il segreto di Pulcinella. Ai critici del settore occorre un esame di coscienza, poiché, così agendo, divengono parte del problema. Ma per corroborare tale nozione servono altri fatti, a scanso di risultare paranoico e fanatico.

Una canzone inusuale, dicevamo, soprattutto per il mercato statunitense. Michael Jackson e Sony Music, invero, videro l'eventualità della pubblicazione di *Earth Song* negli USA come qualcosa da cui guardarsi bene: il Paese che ha imposto al mondo intero, spesso con la forza militare, il capitalismo come panacea di tutti i mali, non avrebbe visto di buon occhio un inno musicale anti-corporazioni, anti-militaresco e anti-capitalistico, soprattutto considerando che il suo autore era così famoso ed influente. No, *Earth Song* non aveva affatto i requisiti giusti per il mercato statunitense, come confermò Bill Bottrell: «La canzone era anti-corporazioni, anti-usurpamento della natura, quindi era prone alla censura. La decisione di non pubblicarla negli Stati Uniti, da parte di Michael e dell'etichetta discografica, era assolutamente voluta».

A rendere più difficili le cose, paradossalmente, ci pensò lo Short-Film. Dopo la sua messa in onda, diversi giornalisti musicali etichettarono video e testo della canzone sotto la voce: "Un goffo tentativo di farsi perdonare dalle accuse di molestie sessuali su minore".

E ancora: "Patetica", "Sdolcinata", "Esagerazione dal gusto complottistico". C'è chi, poi, si spinse più in là. Un collega, per l'esattezza, il quale, attraverso un'associazione benefica, assicurò la salvaguardia di oltre 33 milioni di acri di foresta amazzonica, per le stesse motivazioni descritte da Jackson nella canzone da lui denigrata! La coerenza fatta a persona corrisponde al nome di Gordon Matthew Thomas Sumner... Sì, proprio Sting.

Il 18 febbraio del 1996, in un'intervista al periodico settimanale britannico *The Observer Sunday*, definì l'intera operazione *Earth Song* con queste parole: «I wouldn't write a song like Michael Jackson's *Earth Song*, which I think is **a pile of crap**. And the video's even worse. Michael brings the trees back to life? He brings people back to life? He brings life back to dead soil? Jesus Christ! He's God».

Tradotto: «Non scriverei una canzone come *Earth Song* di Michael Jackson, la quale penso sia **un mucchio di merda**. E il video è ancora peggio. Michael riporta in vita gli alberi? Riporta in vita le persone? Ridà vita al suolo morto? Gesù Cristo! Lui è Dio».

Con tutto il rispetto dovuto ad un grande artista quale è Sting, in quanto a persona perse una buona occasione per tapparsi la bocca. Anche un bambino capirebbe che non è Michael Jackson/Dio a riportare in vita cose e persone, bensì la Terra stessa in un biblico atto di ribellione contro il male imperversante sopra di essa. Cristallinamente, le parole del cantante dei Police altro non sono che una scrausa provocazione, una delle tante facenti parte del lungo e inesorabile processo di disumanizzazione e screditamento di qualsiasi cosa collegata al Re del Pop. O forse, nel caso di Sting, trattasi di invidia? Chissà, magari ha provato e riprovato a scrivere una canzone altrettanto potente quanto quella del collega d'oltreoceano e non ci è riuscito?

Sia quel che sia, catalogare, dal comodo del loro podio mediatico, un messaggio tanto profondo sotto la voce "Mucchio di merda" (e tanto altro), fa capire il meccanismo perverso imperante nella cultura occidentale consumistica. Il fatto che un brano di simil portata non sia stato commercializzato negli Stati Uniti è un altro elemento cardine da tenere bene a mente. Michael Jackson, sfortunatamente, era un tramite imperfetto attraverso cui veicolare quella tipologia di verità. D'altronde, respingere la verità è molto più facile che confrontarsi con essa, dato che sconquasserebbe la nostra condizione attuale di specie dominante.

La storia si ripete, ma niente cambia davvero. Purtroppo, servono eventi tragici e catalizzatori per entrare nell'ottica del problema e - forse - porvi rimedio. I già menzionati incendi in Australia e in California, avvenuti nel 2021, hanno fatto schizzare le visualizzazioni del video del "Mucchio di merda" caricato sul canale ufficiale YouTube. I commenti di rammarico non si sono fatti attendere: "Michael ce lo disse 25 anni fa, ma eravamo troppo concentrati a giudicare il suo aspetto fisico"; "Ci dispiace, Michael. Tu ci avevi avvertiti, ma non ti abbiamo dato ascolto"; "Questa canzone è più rilevante che mai"; "Ha urlato a tutti noi i problemi del mondo, ma la gente disse che lui era strambo, bizzarro, drammatico. E poi viene fuori che aveva ragione. Gli si spezzerebbe il cuore nel vedere in che condizioni terribili versa il pianeta"... E via discorrendo.

La Terra brucia. Persone e animali muoiono. Il fumo che si leva oscura il cielo e **noi**, finalmente, realizziamo che quell'intrattenitore spropositamente calunniato aveva fottutamente ragione, in barba a diffamazioni e aspri giudizi insensati. Peccato ci sia voluto solo un quarto di secolo per avvedersene. Sì, *Earth Song*, negli anni, è stata rivalutata molto. La vera tragedia è che servono eventi disastrosi per far sì che ciò gradualmente accada. Una volta spentesi le fiamme, però, tutto continua a scorrere come è sempre stato. A questo punto viene da domandarsi quale sarà la prossima catastrofe in grado di farci tornare su YouTube, cliccare sul video e commentare scusandoci con MJ. La speranza è che non arriviamo a carpirne davvero il suo inestimabile valore quando le nostre gesta staranno ineludibilmente ponendo fine alla nostra specie. In quel caso, saranno in miliardi a riversarsi su YouTube cliccando sul video di *Earth Song*, ma allora sarà troppo tardi. E pensare che Michael Jackson ci aveva messi in guardia nell'ormai lontano 1995...

Hey, che ne è stato dell'uomo in lacrime?

Non mi sono dimenticato dell'analitica delle strofe "What about the **man**? / What about the **crying man**?" ("Che ne è stato dell'**uomo**? / Che ne è stato dell'**uomo in lacrime**?"). Le ho conservate giusto per il finale, poiché c'è un altro messaggio connaturato in *Earth Song*, e suddette parole offrono un'esegesi che diviene la chiave di volta per decodificare definitivamente la più maestosa opera del King of Pop.

Il compianto George Carlin, uno dei più grandi esponenti della Stand-up Comedy americana, durante lo show del 24 aprile 1992, *Jammin' in New York*, fece inarcare molti sopraccigli per via del suo sketch - denominato su YouTube - *Salvare il Pianeta?!*.

Prima di guardare suddetto video, è necessaria un'ampia apertura mentale.

Il suo sketch, a prima vista provocatorio, contiene un importante modello interpretativo che ben racchiude il concetto del nostro rapporto con il pianeta Terra: «E la più grande arroganza di tutte: "Salviamo il pianeta". Cosa? Mi state prendendo per il culo? Salvare il pianeta? Ma se non sappiamo ancora prenderci cura di noi! Non sappiamo prenderci cura l'uno dell'altro e dobbiamo salvare questo cazzo di pianeta? (...) Non c'è niente che non vada col pianeta. Il pianeta sta bene. La gente è fottuta! C'è una bella differenza. Il pianeta sta bene. In confronto alla gente, il pianeta sta alla grande. È qui da quattro miliardi e mezzo di anni. Avete mai pensato all'aritmetica? Il pianeta è qui da quattro miliardi e mezzo di anni. Noi siamo qui da quanto, centomila, forse duecentomila anni? E ci occupiamo di industria pesante solo da un po' più di duecento anni. Duecento anni contro quattro miliardi e mezzo. E abbiamo la presunzione di pensare che in qualche modo siamo una minaccia? Che in qualche modo metteremo a rischio questa bellissima pallina verde e azzurra che galleggia intorno al Sole? Il pianeta ha superato cose molto peggiori di noi. Ha superato ogni tipo di cosa peggiore di noi. Ha superato terremoti, vulcani, tettonica a placche, deriva dei continenti, venti solari, macchie solari, tempeste magnetiche, inversione magnetica dei poli, centinaia di migliaia di anni di bombardamenti da parte di comete, asteroidi e meteoriti, inondazioni mondiali, onde anomale, incendi planetari, erosione, raggi cosmici, ere glaciali ricorrenti... E pensiamo che qualche busta di plastica e qualche barattolo di alluminio faranno la differenza? Il pianeta non sta andando da nessuna parte. **Noi** sì!»

A questo punto vi starete chiedendo se le parole del comico non vadano a cozzare con tutto ciò che ho scritto sopra e, soprattutto, con quanto Michael scrisse e cantò con tanto ardore nel 1995. La risposta è: "No! La provocazione serve, quando strutturata con intelligenza, a farci riflettere. Lo stesso ragionamento si applica ad una canzone di protesta". Carlin sottolinea che ad essere realmente in pericolo siamo **noi**, non il pianeta, o almeno non irrimediabilmente. Il pianeta, sempre secondo gli scienziati, ha ancora davanti a sé altri 5 miliardi di anni (le stime variano, ma si parla sempre di miliardi di anni), prima che il Sole la inghiottisca nella sua orbita gravitazionale. Onestamente, pensando al nostro comportamento, risulta inverosimile credere che fra 5 miliardi di anni saremo ancora qui. Di questo passo, bene che vada, ci rimane - forse - un secolo. La Terra, d'altro canto, ha tutto il tempo che vuole per purificarsi da tutto il putridume chimico che gli abbiamo cosparso sopra e, come dimostrano i 4,5 miliardi di anni al suo attivo, il sistema autorigenerante e autopulente del pianeta è oltremodo efficientissimo. La natura ha un suo perfetto equilibrio: tutto muore, ma tutto si rinnova, si evolve, si trasforma in qualcos'altro.

Cinque grandi estinzioni di massa sono già avvenute, spazzando via degli esseri tanto imponenti e forti come i dinosauri: il pianeta subì l'impatto del meteorite che la colpì circa 65 milioni di anni fa. Attese pazientemente che le polveri si adagiassero al suolo, i cieli si rischiarissero, le acque si ritirassero, e la natura rifiorì ancor più rigogliosa, e nuove specie di animali ripopolarono le vaste lande verdi, i mari, i fiumi e i laghi. Persino da un evento così inimmaginabilmente catastrofico il pianeta si riprese come se nulla fosse accaduto. Cosa ci fa credere che la nostra fastidiosa presenza possa distruggerlo se nemmeno migliaia di asteroidi ce l'hanno fatta? Quella dell'essere umano altro non sarà che la sesta grande estinzione di massa, e una volta liberatasi di noi, tra 100.000, 200.000 o 500.000 anni, Gaia tornerà a risplendere più bella e lucente che mai, perché questo è ciò che ha sempre fatto in 4,5 miliardi di anni. E chissà, probabilmente una nuova forma di vita intelligente in grado di convivere con la natura in perfetta simbiosi prenderà il nostro posto, riscrivendo nuove e poetiche pagine di storia agli antipodi della nostra, intrisa di sangue, morte e disperazione.

L'anello di congiunzione tra l'irriverente sketch di George Carlin e la nobile canzone di Michael Jackson è una sola, grande parola: "**Noi**". Nel Gospel conclusivo dell'opera di MJ, infatti, i cori ripetono per 24 volte (!) "What about **us**?" ("Che ne è stato di **noi**?"). Certo, Michael si domanda altresì che fine abbiano fatto le balene, gli elefanti, le foreste, i mari, ma **Noi** è ripetuto ossessivamente e compulsivamente ad oltranza, perché è questo il fulcro del suo alto messaggio!

Nel 2016, il geniale astrofisico, matematico, fisico teorico e cosmologo Stephen Hawking fece una sconcertante rivelazione circa il destino dell'umanità: «Tra vent'anni potremmo avere una base permanente sulla Luna e tra quaranta su Marte. **Non troveremo niente di bello come la Terra, a meno che non andremo a cercare su un altro sistema solare**. Del resto, se vogliamo garantire la sopravvivenza della nostra specie, dovremo allargare la conquista dello spazio. La vita sul nostro pianeta è sempre più a rischio di estinguersi a causa di disastri naturali, surriscaldamento globale, guerre nucleari, virus geneticamente modificati o altri pericoli».

Seguì una domanda: «Ce la faremo a traslocare, in caso di bisogno, su un altro pianeta?»

Hawking rispose: «Sì. Ma solo se riusciamo a evitare di sterminarci gli uni con gli altri nei prossimi cento anni».

Osservando l'andamento del mondo, assai arduo è credere di riuscire a vivere un altro secolo senza incorrere in almeno uno dei plausibili scenari apocalittici indicati dall'illustre scienziato. Non trattasi di stucchevole e forzato nichilismo, bensì di realismo. Se Stephen Hawking - che non era certo uno sprovveduto - avesse ragione, la fine per il genere umano, con la sua ottusa mentalità, sarà certa e, quel che è paradossalmente peggiore, data la nostra natura, sarà evitabilmente inevitabile. E quando la sua profezia si avvererà, quel che rimarrà sarà solo... **un uomo in lacrime** a cui, allora, varcata la soglia del punto di non ritorno, **gliene fregherà qualcosa**.

Vorrei tanto lasciarvi con parole confortanti e di speranza, ma lontani sono i tempi di *Can You Feel It*, *We Are the World*, *Man in the Mirror* e *Heal the World*.
Earth Song, del resto, non è una mera canzone di speranza, bensì, in piena maturazione individuale e artistica dell'uomo/artista che la scrisse, l'opera si tramuta e si evolve in un cristallino monito precipuamente profetico: "Siamo **noi** gli artefici del nostro destino, nel bene e nel male".

SE QUESTA FOSSE UNA RECENSIONE MUSICALE...

VOTO: 10

PRO: Sinesteticamente è come ascoltare, scrutare e percepire il ciclo vitale di Madre Terra in una canzone.

- Quella di *Earth Song* è un'interpretazione canora tra le più belle ed emozionanti mai sentite, capace di scolpire negli annali della musica un marchio indelebile, una lezione di canto che verrà studiata nei conservatori, ma che difficilmente troverà interprete in grado di replicare quanto fatto da Jackson.

- A dispetto di giornalisti musicali conservatori, volenti o nolenti, è il messaggio umanitario più veritiero e diretto mai trasposto in musica... In potente musica!

- Scegliere la migliore canzone in assoluto nella discografia del genio di Gary è impresa ardua per chiunque, ma una cosa è sicura: in quanto a magnificenza contenutistica e produttiva, *Earth Song* si può tranquillamente annoverare come IL capolavoro non plus ultra di Michael Jackson.

- Con oltre 7 milioni di copie vendute e il raggiungimento della vetta in più di 15 paesi, si confermò l'inno umanitario/ambientalista più venduto di sempre...

CONTRO: ... Ma nonostante il grande successo commerciale, i critici musicali si ostinano a non darle l'onore di essere considerata come la miglior canzone umanitaria/ambientalista/sociopolitica per eccellenza, titolo dato con troppa superficialità a brani effettivamente inferiori sotto ogni prospettiva.

- Paradossalmente, questo importantissimo monito acquisisce di valore ogni giorno che passa.

- Altri contro non pervenuti: la perfezione musicale di *Earth Song* è ineccepibile, da qualsiasi finestra osservatoria la si scruti.

- Riflettendo, un altro contro c'è: non ce ne frega ancora nulla.

RINGRAZIAMENTI

Un grazie speciale a te che hai acquistato e letto il mio
libro.
Spero vivamente ti sia piaciuto.
Così come spero di aver reso giustizia, almeno in parte, a
quell'immenso artista e filantropo che era Michael Joseph
Jackson, nonché alla sua canzone più monumentale.

Grazie a Daniël Vreeken per aver, ancora una volta,
creato una copertina esattamente come la volevo.
Questo, infatti, è il mio secondo libro.
Su Amazon potete trovare il primo, intitolato
Tranquillity.
È quello con in copertina una maschera a specchio
riflettente uno scorcio di paesaggio, un anello con incisio
777, e un distintivo dell'FBI, il tutto su sfonto nero.
È un Thriller alquanto cruento: siete avvisati.

E grazie, ovviamente, a Michael Jackson per tutto ciò che
hai dato ad un mondo che non ti meritava.
Un genio assoluto, come non se ne vedranno più, il quale
mi ha aiutato più di quanto non saprà mai.

PREZIOSI SUGGERIMENTI

Consiglio ai lettori di ascoltare anche tutte le altre
canzoni menzionate in questo libro.
Il rischio che la vostra sete di conoscenza verso l'intero
catalogo musicale di Michael Jackson cresca in modo
esponenziale è altamente concreto.

Su YouTube, inoltre, potete trovare, oltre ai brani e
relativi videoclip (laddove realizzati), le varie versioni di
Earth Song da me descritte: la prima demo del 1988, la
seconda datata 1991, un video amatoriale della
registrazione dell'orchestra di archi e ottoni, nonché il
provocatoriamente arguto sketch di George Carlin.

Esorto coloro che credono alla colpevolezza di Jackson a
fare una ricerca approfondita su internet.
Troverete il *DocumentCloud* del rapporto ufficiale
completo dell'autopsia digitando *Michael Jackson's
Autopsy*.
A pagine 11 e 36 avrete la risposta alla stupida domanda:
"Perché Michael Jackson si è sbiancato la pelle?"
La risposta sta nella diagnosi ed è scientificamente
inoppugnabile: "Vitiligo", che tradotto significa -
ovviamente - "Vitiligine".
La stessa malattia della pelle di cui lui stesso disse - nel
lontano 1993 - di essere affetto.

A pagina 15 scoverete un'altra informazione medica che
suona come un colpo di scena: il pene del cantante,
infatti, non era circonciso, cosa che invece asseriva il suo

primo accusatore, Jordan Chandler, manovrato come una marionetta dal padre assetato di denaro, Evan Chandler.

Suggerisco, per i vari approfondimenti circa le accuse, gli innumerevoli documenti giudiziari ufficiali presenti sul web, visitando - su tutti - il sito *The Michael Jackson Allegations* e il canale YouTube *The Michael Jackson Innocent Project*.

Inoltre, digitando *FBI Records: The Vault* sul motore di ricerca Google, avrete accesso, direttamente dal loro sito governativo, ai file che l'FBI stilò durante i periodi delle accuse, e non solo.
Già, addirittura l'FBI ha condotto investigazioni su Michael Jackson, non trovando assolutamente nulla che lo incriminasse.

Ruzzolati fuori dalla profonda tana del Bianconiglio, realizzerete che l'unica vera vittima di tutto ciò è ed è sempre stata una: Michael Jackson.

TIRED OF INJUSTICE

Ho impiegato diversi mesi per portare a compimento
questo libro.
Almeno dieci versioni prima di questa, infatti, sono state
prese in considerazione come prodotto finale.
Ma allo stesso modo in cui Jackson non sentiva compiuta
la sua opera, è accaduto anche a me di rielaborare
maniacalmente la mia, prima di arrivare alla versione che
avete appena letto.
Un estenuante lavoro di ricerca è stato da me svolto, al
fine di portarvi quante più accurate informazioni
possibili.
Ho consultato libri, articoli, video e tanto altro.
Ma soprattutto, una grande passione verso l'arte del Re
del Pop è ciò che maggiormente traspare in questo libro.
La voglia di rendere giustizia all'uomo e all'artista, che da
decenni accompagna la mia vita, era oltremodo forte in
me.
"Perché?", direte voi.
La risposta è semplice: sono stanco di vedere idolatrare
falsi miti, mentre i veri benefattori vengono crocifissi di
continuo.
Il nostro mondo è pieno di ingiustizie, e Michael Jackson
è una vittima illustre di un sistema malato e totalmente da
rivedere.

Ultimo, ma non ultimo, il nostro pianeta ha estremo
bisogno della parte migliore di **noi**.

Printed in Great Britain
by Amazon

33527173R00062